新曲綫 New Curves | 用心雕刻每一本……

http://site.douban.com/110283/
http://weibo.com/nccpub

用心字里行间　雕刻名著经典

我是谁

——心理学实证研究社会思维

[美] 戴维·迈尔斯　琼·特韦奇　著

侯玉波　廖江群　等译

人民邮电出版社

北　京

图书在版编目（CIP）数据

我是谁：心理学实证研究社会思维 /（美）戴维·迈尔斯著；（美）琼·特韦奇著；侯玉波等译．-- 北京：人民邮电出版社，2020.6

ISBN 978-7-115-53697-6

Ⅰ．①我… Ⅱ．①戴… ②琼… ③侯… Ⅲ．①社会心理学—研究 Ⅳ．① C912.6-0

中国版本图书馆 CIP 数据核字（2020）第 065540 号

David G. Myers, Jean M. Twenge

Exploring Social Psychology, 8e

ISBN 978-1-259-88088-9

北京市版权局著作权合同登记号：01-2019-3808

我是谁：心理学实证研究社会思维

◆ 著　［美］戴维·迈尔斯　琼·特韦奇
译　侯玉波　廖江群 等
策　划　刘 力　陆 瑜
责任编辑　刘冰云
装帧设计　陶建胜

◆ 人民邮电出版社出版发行　北京市丰台区成寿寺路 11 号
邮编　100164　电子邮件　315@ptpress.com.cn
网址　http://www.ptpress.com.cn
电话（编辑部）010-84931398　（市场部）010-84937152
三河市少明印务有限公司印刷
新华书店经销

◆ 开本：880 × 1230　1/32
印张：7
字数：135 千字　2020 年 7 月第 1 版　2020 年 7 月第 1 次印刷

定价：55.00 元

本书如有印装质量问题，请与本社联系　电话：（010）84937152

内容提要

从亚里士多德开始，哲人们不断向我们揭示人是社会性动物。但这种哲学式的指引无助于缓解我们纷繁复杂的现实困惑，在这种情况下，实证取向的社会心理学恰好可以弥补这种不足，为我们刻画出社会性动物的细节。

戴维·迈尔斯和琼·特韦奇的 *Exploring Social Psychology* 以“社会思维”“社会影响”和“社会关系”为主题，清晰地为我们展示了近百年来社会心理科学对上述问题的回答。该书的独到之处在于它打破了传统大部头教科书的编写方法，将每个有趣的话题组织成 10 000 字左右的篇幅，以符合人们长时注意的习惯时长，获得阅读的“完成感”。为了更加方便读者携带和阅读，我们在保留模块化编写优点的同时，在新版的改编中将 500 多页的原书按上述三个主题拆分为三个小本。

本书《我是谁：心理学实证研究社会思维》，便来自 *Exploring Social Psychology* 的第一编“社会心理学导论”和第二编“社会思维”，探讨了我们如何看待自己和他人，涉及自我概念、自尊、自我控制、自我服务偏差、社会信念和判断、态度与行为的相互影响等内容。

全篇逻辑严谨、用语清晰、言必有据，与市面上处理这些主题的常见写作手法形成鲜明对比；它或许不能解决您的所有困惑，但不论您是心理学的本科生、研究生、专业从业者还是普通读者，本书都能为您带来惊喜。

丛书序

这是一套私下酝酿已久的丛书。一直以来，我发现心理学教科书普遍存在章节篇幅过长的问题（包括我自己所写的教科书）。很少有人能耐心地一口气读完一章 40 多页的内容。为什么我们不能将这门学科组织成便于吸收的知识模块呢？比如，组织成 40 个篇幅为 15 页左右的章节，而非 15 个篇幅为 40 页左右的章节。这样一来，学生就可以一次读完一个模块，每次放下书时都会有一种完成任务的成就感。

因此，当麦格劳 - 希尔的心理学编辑克里斯 · 罗杰斯（Chris Rogers）第一次建议我将那本 16 章共计 600 多页的《社会心理学》（*Social Psychology*）进行缩写，重新组织成每个篇幅为 10 页左右的模块时，我欣然接受了。终于有一家出版商愿意打破传统，将学习材料变成符合学生注意广度的形式，将概念和研究成果以较小的单元来呈现。同时，我们也希望不要加重学生吸收新信息的负担，因此保持了“探索社会心理学”（*Exploring Social Psychology*）这套丛书的小巧与经济，我们希望老师们能补充其他的阅读内容。

从每一个模块吸引眼球的标题可以看出，我与我的新合著者琼·特韦奇打破了传统，以散文随笔的形式来介绍社会心理学。每一个模块的写作都遵循着梭罗的自由主义精神：“任何有生命力的东西都能用通俗的语言轻松自然地表达出来。”不论是撰写《社会心理学》还是这套丛书，我们的基调一直都是：既有坚实的科学基础，又有温暖的人文关怀；既有事实的严谨，又有智力上的挑战。我们希望能像新闻调查记者一样来揭示社会心理现象，为重要的社会现象提供最新的阐释，展现社会心理学家如何揭示和解释这些现象，同时反映出现象背后的人文价值。

在素材的选择上，我们突出了社会心理学中关于我们如何思维、如何相互影响和如何彼此联系的科学研究。同时，我们也强调那些来自人文学科知识传统的社会心理素材。通过传授文学、哲学、科学等学科，通识教育试图拓展人们的思维和意识，将人从现实的禁锢中解放出来。社会心理学能为实现这些目标做出自己的贡献。许多学习社会心理学的大学生不一定主修心理学，他们中的大部分人会进入其他行业。我们通过探索与人类生活息息相关的主题，诸如信念与错觉、独立与互依、爱与恨等，旨在让所有人都能从社会心理学中得到启发和激励。

致 谢

我们要感谢在过去12个版本的《社会心理学》的出版过程中给予指导和批评的学者们。有了这些热心的同事和同仁给予的意见（书中将分别致谢），我们得以创作出远好于闭门造车之作。

我不仅要感谢克里斯·罗杰斯的锐意创新，也感谢品牌经理杰米·拉夫雷拉（Jamie Laferrera）、编辑统筹贾丝明·斯塔顿（Jasmine Staton）、策划编辑拉希米·拉杰什（Reshmi Rajeesh）和艾琳·君德斯贝格（Erin Guendelsberger）以及整个ansrsource开发团队在修订过程中给予我们的支持。

霍普学院的凯瑟琳·布朗森（Kathryn Brownson）帮助我把《社会心理学》（第12版）的内容整理成各个模块，并为制作做好准备。她的领导和编辑才能为本书增光添彩，也减轻了我们的任务。

最后，我们要感谢两个重要的人。一位是麦格劳-希尔的尼尔森·布莱克（Nelson Black），没有他的邀请，我就不会拿起笔来创作教科书。另一位是诗人杰克·里德尔（Jack Ridl），他是我在霍普学院的同事和写作指导，帮助我润色了文字。

对所有来自各界的大力支持，我们都心存感激。与他们共事对我们来说是一种莫大的激励，这真是一段令人愉快的经历。

戴维·迈尔斯

琼·特韦奇

作者简介

戴维·迈尔斯，1942 年生，美国密歇根霍普学院（Hope College）心理学教授，是知名的心理学家。迈尔斯著述颇丰，已出版 17 部著作，包括经典畅销教科书《心理学》《社会心理学》《社会心理学纲要》等。迈尔斯在 30 多种学术期刊上发表过论文，包括《科学》《美国科学家》《美国心理学家》和《心理科学》等。他还致力于把心理学知识介绍给普通读者，在近 50 种科学杂志上撰写专栏，包括《今日教育》和《科学美国人》等。由于迈尔斯在研究和写作上的突出贡献，他曾获得众多奖项，包括美国心理学协会的“高尔顿·奥尔波特”奖、美国脑和行为联合会的“杰出科学家”奖、美国人格及社会心理学分会的杰出服务奖以及 2011 年美国科学院的总统奖，等等。

琼·特韦奇，在芝加哥大学获得学士和硕士学位，在密歇根大学获得博士学位，在凯斯西储大学完成了社会心理学的博士后研究。现在是美国圣迭戈州立大学的心理学教授，已发表120余篇科学论文，主题涉及代际差异、文化变迁、社会排斥、性别角色、自尊以及自恋等。她的研究曾被《时代》《纽约时报》《今日美国》和《华盛顿邮报》等报道过。她在多个网站和杂志上为普通读者撰写文章，其中《大西洋月刊》上的一篇文章获得了全美杂志奖的提名。她经常向大学的教职工、军人、夏令营负责人和企业高管讲授代际差异问题。

译者简介

侯玉波，北京大学心理与认知科学学院副教授，北京大学人格与社会心理学研究中心及北京大学-香港青年协会青少年发展研究中心常务副主任兼秘书长。研究领域涉及人格与社会心理学、文化心理学和网络心理学。主要研究中国人辩证思维和批判性思维的结构、中国传统文化对中国人社会适应的影响以及君子人格等问题。在国内外著名学术期刊上发表学术论文80多篇。中华人民共和国全国标准化委员会委员，中国心理学会监事，人格分会会长，中国社会心理学会常务理事，北京心理学会常务理事，中宣部舆情调研专家组成员。

廖江群，清华大学心理学系副教授，博士生导师。2008年于北京大学心理学系获心理学博士学位。研究方向为社会心理学及其在经济管理领域的应用，研究兴趣在于稀缺、决策与判断、消费者行为、社会认知、具身认知、亲社会行为等。先后兼任北京市社会心理学会理事兼副秘书长、中国社会心理学会应用社会心理学专业委员会委员、中国心理学会员工促进工作委员会委员、科技人力资源专业委员会委员。

目　录

我是谁

序

小说家赫尔曼·梅尔维尔写道：“我们不能只为自己活着，因为我们的生活是由无数看不见的细线联结在一起的。”社会心理学家就是通过科学地探索人们彼此之间如何思考、如何相互影响以及如何彼此联系来研究这些联结的。

本书前两个模块介绍我们如何探索社会心理学，如何去玩社会心理学这场“游戏”。巧了，社会心理学家形成和检验思想的方式本身就能够运用到生活之中，因而，它能让我们以更聪明的方式去分析日常生活中的社会思维、社会影响和社会关系。

如果人们的直觉和常识绝对可靠，我们可能就不需要进行科学的实证探究和批判性思维了。但是事实是，正如模块 2 所指出的，不管我们是反思现实生活事件还是研究结果，我们都很容易受强大的“后见之明”偏差的影响，这种偏差亦称为“我早就知道了”现象。

在接下来关于“社会思维”的这些模块中，我们考察了个体的自我感觉与其所处的社会环境之间的互动关系，例如，揭示了自利性如何影响我们的社会判断。

随后的模块探索了我们对我们所处的社会环境形成信念的方式，这些方式令人惊讶，有时又相当有趣。我们拥有相当出色的直觉能力（也就是社会心理学家所说的自动化信息加工），然而，我们的直觉至少在六个方面通常会让我们感到失望。懂得这些方式不仅可以让我们变得谦逊，而且有助于我们保持思维敏捷，使之更接近现实。

我们还将探寻态度和行为之间的关系：到底是我们的态度决定了我们的行为，还是我们的行为决定了我们的态度？抑或兼而有之？

最后，我们将把这些概念和研究发现应用于临床心理学，不仅向大家说明临床直觉可能误入歧途的一面，而且向大家展示社会心理学家如何为临床医生对抑郁、孤独和焦虑的解释及治疗提供帮助。

1

如何开展社会心理学研究

从前有一个男人，他的第二任妻子是个非常爱慕虚荣和自私的女人。这个女人有两个同样虚荣又自私的女儿。但这个男人的亲生女儿却是个可爱又善良的姑娘。我们都知道，她就是灰姑娘。灰姑娘从一开始就明白，她最好是照着吩咐去做，默默忍受责骂，少去招惹她那两个姐姐和继母。

到后来，多亏仙女的帮助，灰姑娘才得以暂时脱离困境，前去参加一个隆重的舞会。恰恰是在舞会上，灰姑娘引起了英俊王子的注意。再后来，当坠入爱河的王子在灰姑娘破破烂烂的房间里见到他的心上人时，竟然未能马上认出她。

不可思议吧？这个童话故事让我们不得不承认情境所具有的

魔力。当盛气凌人的继母在场时，灰姑娘显得温顺而没有吸引力。在舞会上，灰姑娘感觉自己变得更漂亮了，举手投足和一颦一笑似乎都散发出自内而外的美丽。家里的灰姑娘战战兢兢，而舞会上的灰姑娘风采迷人。

法国哲学家、小说家让-保罗·萨特[1*]肯定会欣然接受灰姑娘的故事，他曾写道：我们人类“首先存在于环境之中，我们无法将自己与环境分离，因为环境塑造了我们，决定了我们的可能性”（pp. 59-60）。

理论的形成与检验

当我们社会心理学家与人性角力以洞悉它的隐秘时，我们把自己的想法与发现组织成理论。**理论**（theory）是一套完整的原则，它们可以对所观察到的事件进行解释与预测。理论是科学的简略表达方式。

在日常交谈中，“理论”常常指“离事实还有些距离”——是从猜测到理论再到事实的信心阶梯上中间的那一格。因此，人们可能会认为达尔文的进化论“只是一个理论”而对其不予理会。

* 此阿拉伯数字为本章参考文献顺序号，可根据该顺序号到附录的“参考文献索引”中查找相应的作者名和出版年，再登录 http://box.ptpress.com.cn/y/53697 或于附录的“参考文献”相应处扫二维码下载查阅。

确实，“进化论只是一种理论，但地心引力论也是如此，”美国科学促进协会首席执行官艾伦·莱施纳[2]如是说。人们常常认为地心引力论是事实，但事实其实是“当我们扔掉钥匙时，它落向地面”。地心引力论是对这些可见现象的一种理论解释。

对一个科学家来说，事实和理论完全是两回事。事实是对我们所观察到的一切达成了共识的陈述，而理论则是对事实进行总结与解释的观点。正如法国科学家朱尔斯·亨利·彭加勒所言：“科学由事实构建，就如房屋由砖头搭建，但一堆事实并非就是科学，

对于人类而言，最令人着迷的事物莫过于人类自己。

就如一堆砖头并非一幢房屋一样。”

理论不仅总结事实，而且隐含可检验的预测，即**假设**（hypotheses）。假设有几种不同的作用。首先，假设让我们可以用证伪的方式来检验某个理论。其次，预测可以为研究指明方向，有时会让研究者将目光投向他们从未考虑过的领域。再次，一个好的理论的预测性特征也使其颇有应用价值。举例来说，一个完整的攻击理论可以预测出何时会发生攻击行为，以及如何控制这种行为。就像社会心理学的奠基者库尔特·勒温所断言的那样：“没有什么能比一种出色的理论更实用。”

请思考一下上述内容的运作方式。假设我们观察到那些抢劫、嘲弄和攻击他人的人通常成帮结伙地行动，由此我们或许可以提出这样的理论：成为团体中的一员使个体体会到了一种匿名感，从而降低了自我控制。我们如何能够检验这一理论呢？或许我们可以让群体中的个体对一个无助的“受害者”实施惩罚性电击，但并没有人知道究竟是谁实施了电击，结果会是什么样子。与独自实施电击的人相比，这些人是否会如我们的理论所预测的那样，对“受害者”实施更强的电击？

我们也可以操纵匿名性这个变量：如果人们藏在面具后面，他们是否会对“受害者”实施更强的电击？如果实验结果证实了我们的假设，这些结果可能会让我们联想到该理论的一些实际应用。如果让警察佩戴醒目的警牌，开着写有可辨认身份的巨大数字的警车，或者录像记录他们拘捕的过程，那么警察的暴力行为或许就会减少。而事实上，现在许多城市已经实施了上述措施。

但是，我们应该如何评价哪一个理论更好呢？一个好的理论应该具有以下特征：

- 能有效概括大量的观察结果；
- 能做出清晰的预测，以便于我们：
    - 证实或修正理论，
    - 发现新的研究方向，
    - 指出可能的实际应用。

当我们将某种理论扔进废纸篓时，通常并非因为经证明它是错误的。更确切地说，它们就像是旧汽车一样，需要用更新、更好的型号来替代。

相关研究：探寻自然的联系

现在，让我们来到幕后，概览一下社会心理学研究是如何进行的。幕后的匆匆一瞥可能刚好让你能够欣赏随后将要讨论的一些发现。对研究逻辑的理解，也能帮助你对日常生活中发生的社会事件进行批判性思考，并更好地理解你在媒体上看到的学术研究。

社会心理学研究既可以是实验室研究（受控制的情境），也可以是**现场研究**（field research）（日常生活场景）。并且，它也因研究方法而异：可以是**相关的**（correlational）（探寻两个或多个因素之间是否自然相关），或是**实验的**（experimental）（通过操纵一些因素来考察它们对其他因素的影响）。如果你想成为一个对媒体报道的心理学研究有着良好判断力的读者，那么弄清相关研究与实验研究的区别是非常有益的。

让我们先来考察一下相关研究（通常涉及自然场景中的重要变量）的优势，以及它的主要劣势（对因果关系的解释较为模糊）。为了寻找社会经济地位与健康之间可能存在的联系，卡罗尔及其同事[3]大着胆子进入了苏格兰格拉斯哥的一个古老墓园，根据墓

格拉斯哥大教堂墓地的纪念墓碑。

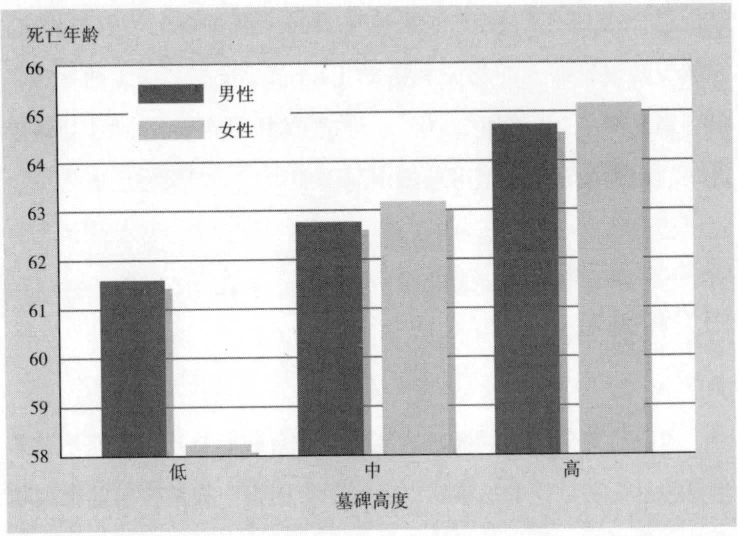

图 1–1　地位与寿命的相关。在墓地中，纪念逝者的墓碑越高，“主人”往往活得越长。

碑记下了 843 个人的寿命。他们测量了墓碑的高度，并以此作为衡量地位高低的一个指标，理由是墓碑的高度反映了造价，而造价则反映了富足程度。如图 1-1 所示，地位（墓碑）越高，寿命越长。

卡罗尔及其同事报告说，其他研究者使用当代的数据也证实了地位与寿命之间的关系。若以苏格兰的邮政编码划分，那些人口密度最低、失业率最低的地区，人的平均寿命也最长。在美国，寿命与收入有关（更贫穷、更底层的人更有可能早逝）。在英国，现代人的寿命与职业地位有关。一项研究对 17 350 名英国公务员进行了长达 10 年的追踪，结果发现，与最高级别的行政官员相比，专业行政级别的人的死亡率要高出 1.6 倍；文书和劳工的死亡率则分别要高出 2.2 倍和 2.7 倍[4]。跨越了时间与空间，地位与健康之间的相关关系似乎是可信的。

相关和因果

地位与寿命的例子很好地说明了业余和专业社会心理学家都会犯的最无法抗拒的思维错误：当两个因素，如地位与健康，联系在一起时，人们很容易得出一个因素影响另一个因素的结论！我们可能会假设，地位能以某种方式保护人们免受疾病的威胁。但会不会是反过来呢？会不会是健康保障了活力与成功？或许只是那些寿命长的人有更多的时间去积累财富而已（使得他们能够拥有造价更高的墓碑）。抑或在两者的关系中存在第三个变量，例如饮食（富裕的人与工薪阶层的人吃的东西是否不一样？）。也就是说，相关表明两者之间存在一种关系，但这种关系并不一定是因果关系。相关研究使得我们可以去预测，但它无法告诉我们一个变量（例如社会地位）的变化是否会导致另一个变量（比如寿命）的改变。

在大众心理学颇为混乱的思维背后便是相关与因果的混淆。再来看看另一个非常真实的相关——自尊与学业成绩。那些高自尊的孩子往往有较好的学习成绩（就像任何一种相关一样，我们也可以反过来陈述：学习成绩更高的人通常具有更高的自尊）。你为什么做出这样的假定？

有些人认为“健康的自我概念”有助于个体取得成就。那么，提升孩子的自我形象便可能会提高其学习成绩。正是相信了这一点，美国的 30 个州颁布了 170 多条增强个体自尊的条例。

但是另一些人，其中包括心理学家威廉·戴蒙[5]、罗宾·道斯[6]、马克·利里[7]、马丁·塞利格曼[8]、罗伊·鲍迈斯特及其同事[9]以及本书作者中的一位[10]，对自尊是否真的是一块防止孩子学业失败（或是药物滥用及少年犯罪）的“盾牌”表示怀疑。也许情况恰恰相反：或许问题和失败导致了低自尊，或许自尊往往反映出我们的现状，或许高自尊源于来之不易的成就。干得好，你就会自我感觉良好；干得不好，你就会觉得自己是个傻瓜。一项对 635 名挪威小学生的研究发现，拼写表上名字旁边一串金色的星星（通过正当努力获得的），加上老师充满钦佩和欣赏的表扬，可以提高一个孩子的自尊[11]。或者，正如一项对近 6 000 名德国七年级学生的研究所表明的那样，自尊与学业成绩之间的关系可能是双向的[12]。

还有一种可能性，即自尊与学业成绩之所以相关，是因为两者都与潜在的智力水平和家庭社会地位等因素有关。有两项研究提出了这一可能性，其中一项是对 1 600 名美国年轻男性的全国性研究，另一项是对 715 个明尼苏达州青少年的研究[13]。当研究者运用统计方法去除智力与家庭地位的预测能力后，自尊与成就之间的相关也就不存在了。

相关研究的巨大优势在于，它通常在真实的场景中进行，在这些情境中，我们可以考察诸如种族、性别、社会地位等无法在实验室中操纵的变量。这种研究方法的最大劣势在于研究结果的模糊性。这一点是如此重要，以至于在对你耳提面命了 25 次你也没能听进去之后，我们还是要重复第 26 次：知道两个变量共同变化(相关),可以使我们运用一个变量对另一个变量进行预测，但是相关性却并未指明因果关系。

实验研究：探寻因果关系

自然相关事物间的因果关系难以辨别，这促使大多数社会心理学家在切实可行且符合伦理道德规范的情况下，对日常过程进行实验室模拟。这些模拟与航空学中的风洞有几分相似。航空工程师们并不是一开始就在复杂多样的自然环境中对飞行物体的表现进行观察。大气条件与飞行物体两者的变化都过于复杂。相反，他们构建了一种模拟现实。这样一来，他们就可以控制风力条件和机翼结构。与相关研究相比，实验研究有两个主要优势：控制和随机分配。

控制：变量的操纵

社会心理学家通过构建模拟我们日常生活重要特征的社会情境来进行实验研究。实验者每次只改变一个或两个因素，即**自变量**（independent variables），以此来确定它们的影响。正如风洞帮助航空工程师发现空气动力学原理一样，实验使社会心理学家得以发现社会思维、社会影响以及社会关系的基本规律。

为了说明什么是实验室研究，我们来分析下面的一项实验，该实验为“看电视与儿童行为之间的相关”提供了一种因果关系解释。

儿童观看的暴力电视节目越多，他们的攻击性往往就越强。那么，儿童是在模仿他们从荧屏上看到的行为吗？我希望你们现在已经辨别出，这是一个相关性的发现。

因此，社会心理学家让儿童在实验室中看电视，并控制儿童观看暴力节目的数量。通过让儿童观看暴力节目或非暴力节目，研究者可观察暴力节目的数量对儿童行为的影响。克里斯·博亚特兹及其同事[14]给一些小学生（而没有给另外一些）放映了一集《恐龙战队》，它是20世纪90年代最流行且充满暴力的儿童电视节目。在观看完这一集之后，这些儿童在每两分钟内所表现出的暴力行为的数量是未观看节目的儿童的7倍。我们将那些被观察到的暴力行为称为**因变量**（dependent variables）。这类实验表明，电视节目可能是导致儿童暴力行为的原因之一。

观看电视或其他媒体的暴力节目是否会导致对这种行为的模仿，尤其是儿童的模仿？实验研究显示的确如此。

至此我们发现，实验研究的逻辑十分简单：通过构建并控制一个微型的模拟现实世界，我们可以改变一个因素，然后再改变另一个因素，从而发现这些因素，单独或共同，如何影响人们。现在让我们更深入一步，了解一下如何做实验。

每个社会心理学实验都有两个基本要素。以上我们仅仅考虑了其中的一个——控制，即我们在操纵一个或更多自变量的同时，也应该尽量使其他因素保持不变。另一个要素则是随机分配。

重复：结果能否再现？

一些不可靠的研究结果（其中部分出自伪造数据的学术不端者之手）引起了人们对医学和心理学研究可再现性的担忧。尽管对他人研究的“纯粹重复”并不引人注目——它们很少成为头条新闻——但今天的科学正越来越重视**重复**（replication）研究。研究者必须准确地说明他们的实验刺激及实验程序，以便他人能够与之匹配。现在我们期望研究者们将他们的方法和详细数据上传至一个公开的、在线的“开放科学”档案中[15]。

近年来，重现研究结果的努力——在一个项目中有 13 项研究，在另一个项目中有 100 项研究——既产生了成功的重复，也有重复失败的情况[16]。在这场科学争论中，所有的人都同意，重复研究非常重要。

随机分配：重要的平衡仪

我们并不想基于一种相关性就去假定观看暴力电视节目导致了攻击行为。一个使用调查法的研究者可能会去测量其他可能的相关因素，并运用统计方法将其剔除在外，再回过头来看最初的相关是否仍然存在。但是，人们永远无法控制所有可能区分观看暴力节目者与不观看暴力节目者的因素。也许暴力节目观看者在教育水平、文化背景、智力水平或者在研究者未考虑到的数十个方面也存在差异。

随机分配（random assignment）可以一举消除这些额外因素的干扰。由于随机分配，每个人观看暴力或非暴力节目的机会是相等的。这样一来，两组人将在其他任何可能的变量上（家庭地位、智力水平、教育程度以及初始攻击水平等方面）具有相同的平均水平。比如，高智商的人在两组中出现的机会应该是相等的。由于随机分配创建了两个同质的组，之后两组间出现的任何暴力行为差异就可以归因为唯一可以区分两组的那个因素上：参与者是否观看了暴力节目（见图 1-2）。

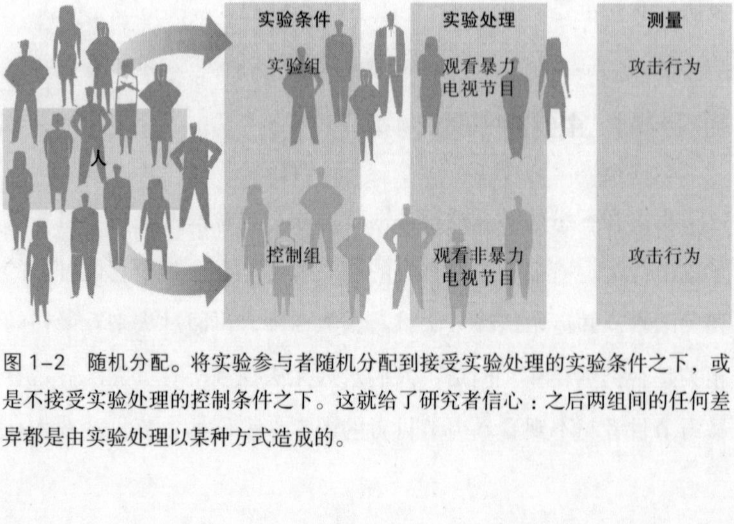

图 1–2 随机分配。将实验参与者随机分配到接受实验处理的实验条件之下，或是不接受实验处理的控制条件之下。这就给了研究者信心：之后两组间的任何差异都是由实验处理以某种方式造成的。

实验研究的伦理道德问题

电视节目的例子说明了为什么有些实验会引发伦理道德问题。社会心理学家不会让一组儿童长期观看暴力电视节目。相反，他们只是在短时间内改变人们的社会经历，然后记录这种改变的影响。有些时候，实验处理是无害的，甚至是相当愉悦的，参加实验的人也在知情后表示同意。但有些时候，研究者发现他们的实验处理处于无害与冒险之间的灰色地带。

社会心理学家在设计那些引发个体强烈的思想与情感的实验时，常常冒险游走在这一道德灰色地带中。实验并不需要符合**现世实在论**（mundane realism）[17]，也就是说，实验行为不必与日常生活中的行为一模一样。日常行为通常是平凡单调的，或者说是不重要的。但是实验应该符合**实验现实主义**（experimental realism），即让参与者真实地投入到实验中。研究者并不希望参与者有意识地去表演，或是应付了事；实验者希望引发真实的心理过程。在攻击实验中实施电击就是实验参与的一个例子。强迫参与者选择给予他人强烈还是轻微电击可作为攻击性的一个现实的衡量标准。它确实起到了模拟真实攻击行为的作用，就像风洞模拟大气风场一样。

为了做到实验现实主义，研究者有时候需要编个可信的故事来“蒙骗”参与者。例如，在隔壁房间的人其实并没有受到电击，但研究者并不希望参与者知道这一点，否则实验现实主义就将毁于一旦。基于这一考虑，在过去的几十年中，约有三分之一的社会心理学研究使用了欺骗手段[18]。

在设计那些会牵涉到伦理道德问题的实验时，研究者常常像是在走钢丝。意识到你正在伤害某个人，或是被置于强大的社会压力下，都可能会引起暂时的不快。这类实验又将那个古老的问题提了出来，即为了目的是否可以不考虑手段。不过，实验中的风险有没有超过我们在日常生活中体验到的风险[19]？与真实生活中和某些真人秀电视节目中的许多虚假描述相比，社会心理学家在研究中使用的欺骗通常短暂与温和得多。（一个网络真人秀节目欺骗了参与节目的女性，让她们为一个英俊的"百万富翁"而竞争，但那个所谓的百万富翁实际上只是一个普通工人。）

大学伦理委员会负责审查社会心理学研究，以确保它将以人道的方式对待参与者，并且为了研究的科学价值，暂时的欺骗或痛苦是值得的。美国心理学协会（2010 年）、加拿大心理学协会（2000 年）以及英国心理学协会（2009 年）制定的伦理准则，严格要求研究者做到如下几点：

- 告知潜在的参与者足够的实验信息，以便获得参与者的**知情同意**（informed consent）。
- 诚实。只有在必要且实验目的重要且合理的情况下，才使用欺骗手段，并且不是"关于影响他们参与意愿的方面"。
- 保护参与者（和旁观者，如果有的话）不受伤害，不给参与者带来严重不适。

- 对参与者的个人信息保密。
- 向参与者做出事后解释。事后全面解释实验，包括所使用的欺骗手段。这条准则的唯一例外是当反馈会给参与者带来痛苦或困扰时，例如让他们意识到自己曾表现得很愚蠢或很残忍。

研究者应提供充分的信息且考虑周到，让人们离开时自我感觉至少与进来时一样好。如果参与者因为学到什么而有所获益的话，那就更好了[20]。当参与者得到尊重时，他们中很少有人会因自己被欺骗而耿耿于怀[21]。的确，社会心理学的拥护者们说，教授们举行考试给学生带来的焦虑与痛苦，比研究者在实验中引发的焦虑要严重得多。

从实验室推广到生活

就像有关电视节目与暴力行为的研究所揭示的那样，社会心理学将日常生活经验与实验室的分析融合到了一起。在整本书中，我们都会这么做。我们所用的绝大多数数据都来自实验室研究，而绝大多数的例证则来自日常生活。社会心理学展示了实验室研究与日常生活之间的有益互动。来自日常经验的直觉常常会激发实验室研究，而研究又会加深我们对自身经验的理解。

这种相互影响在儿童观看电视节目的实验中已有所体现。人们在日常生活中所看到的现象为相关研究指出了方向，而相关研究又进一步指向了实验性研究。那些有权做出改变的电视台和政府决策者，现在已经意识到了电视节目的影响。在很多研究领域，包括对助人行为、领导风格、抑郁以及自我效能感的研究，研究者在实验室中发现的效应都在现实中得到了反映，特别是当效应很大的时候[22]。克雷格·安德森及其同事[23]指出："心理学实验室通常产生的是心理学真理，而不是无关紧要的琐事。"

然而，在从实验室推广到现实生活时，我们仍需抱着谨慎的态度。尽管实验室揭示了人类存在的基本动力学，但它仍然是一个简化了的、受控制的环境。它可以告诉我们当其他条件都保持不变时，变量 X 会产生怎样的效应，而在现实生活中，这个前提是不存在的。除此之外，正如你将会看到的那样，许多实验的参与者是大学生。尽管这可能会帮助你了解他们，但大学生群体远非整个人类的一个随机样本[24]。而且大多数参与者来自西方的、受过教育的、工业化的、富裕的文化背景，而这一文化背景的群体仅占全人类的 12%[25]。如果我们选取不同年龄、不同教育水平以及不同文化背景的人，还会得出同样的结果吗？这一直是个悬而未决的问题。

不过，我们仍然可以区分人类思维和行动的内容（例如态度）与思维和行动的过程（例如，态度与行为如何互相影响）。不同文化之间思维与行动内容的差异比过程的差异要大。不同文化背景的人群可能持有不同的观点，但这些观点的形成过程却很相似。

例如，与美国本土大学生相比，波多黎各的大学生所报告的孤独感更强烈。然而，在两种不同的文化中，孤独感的成分却十分类似——羞怯、缺乏生活目标以及低自尊[26]。

尽管我们的行为可能千差万别，但却受同样的社会因素的影响。在千差万别的表象之下，我们之间有更多的相似而非差异。

2

你早就知道了吗

任何事物一经解释就显得稀松平常。

——华生医生对夏洛克·福尔摩斯如是说

社会心理学关乎每个人的生活，它一直就在你的身边。数百年来，哲学家、小说家和诗人都以自己独特的视角，对社会行为进行观察和评论。每天，人们都在观察、解释和影响他人的行为。因此，本书陈述的许多结论人们都曾碰到过，对我们来说不足为奇。那么社会心理学仅仅是规范和形式化大多数人已然知晓的事实吗？

作家卡仑·墨菲[1]持这样的观点：“社会科学家日复一日地

深入探索这个世界，他们也日复一日地发现，人们的行为其实与你所料的相差无几。”半个多世纪以前，社会学家对二战中美国士兵的研究也遭到历史学家阿瑟·施莱辛格爵士[2]类似的嘲讽。社会学家保罗·拉扎斯菲尔德[3]回顾了这些研究，提供了一份解释性评论样例：

1. 受过良好教育的士兵比受教育低的士兵更不容易适应（比起那些有街头智慧的人，知识分子更不适应打仗带来的焦虑）；
2. 南方士兵比北方士兵更能适应炎热的南部海岛气候（南方人更适应炎热的气候）；
3. 白人低级士兵比黑人低级士兵更渴望晋升（多年的压迫会对成就动机造成影响）；
4. 南方的黑人士兵更喜欢来自南方的白人军官而非来自北方的白人军官（因为南方军官与黑人打交道更有经验，也更有技巧）。

当你阅读以上结论时，你是否觉得这些都是显而易见的常识？如果是这样，那么拉扎斯菲尔德接下来的话可能会惊到你：“这些陈述中的每一条都与实际发现的情况截然相反。”事实上，研究发现，受教育水平较低的士兵适应能力更差，南方人并不比北方人更能适应热带气候，黑人士兵更热衷于晋升，等等。“如果我们一开始给出的是真实的研究结论（正如施莱辛格猜想的那样），读者也会认为这些事实‘显而易见’。”

常识存在的一个问题是，我们在知道事实之后才会想起它。事后看来，事件比事前更“显而易见”，也更容易预测。有实验表明，当得知实验结果时，人们便突然觉得实验结果并不那么令人惊讶，惊讶程度要比那些只知道实验程序和可能结果的人少得多[4]。在对调整事前预期这一倾向进行了800多次研究之后，“后见之明”偏差已然成为心理学中证据最为充分的现象之一[5]。

同样，在日常生活中，我们往往直到事情发生后才觉得它会发生。然后，我们就突然洞察了使事情得以发生的种种力量，并且不觉得惊讶了。不仅如此，我们还可能记错自己先前的观点[6]。我们对未来可预见性的判断可能出现错误，这种错误与对过去的错误记忆共同导致了**后见之明偏差**（hindsight bias, 也被称为“我早就知道了”现象）。

在后见之明看来，事物都是可以预见且显而易见的。

因此，在大选或股市震荡发生之后，大多数评论员对此并不感到意外："是该整顿市场的时候了。"就像丹麦哲学家索伦·克尔凯郭尔所说的那样："生活总是向前，但要理解生活，则必须向后。"

如果后见之明偏差如此普遍的话，你可能现在就感到自己早已知道这个现象。的确，绝大多数心理学实验所得出的可信结论看起来都像常识——当然，这都是在你知道结果之后。

你可以尝试自己证明一下这个现象。找一组人，告诉其中一半人某个心理学发现，告诉另一半人相反的结果。例如，告诉其中一半人：

> 社会心理学家发现，无论是择友还是坠入爱河，那些性格与我们不同的人对我们最有吸引力。老话儿说得好："异性相吸。"

告知另一半人：

> 社会心理学家发现，无论是择友还是坠入爱河，那些性格与我们相似的人对我们最有吸引力。老话儿说得好："物以类聚，人以群分。"

先让人们解释这个结论，然后问他们是否对此感到"惊讶"。无论他们被告知的是哪种结论，我们发现他们都能很好地解释自己的那个结论，并且都说"不感到惊讶"。

事实上，几乎任何结论都可以用我们积累的谚语来解释。假如社会心理学家报告分离加深爱意，甲便回答道："你就靠这个混饭吃？谁都知道'小别胜新婚'。"如果结果表明分离会减少吸引力，乙便回答道："我外婆都可以告诉你'眼不见，心不念'。"

当卡尔·泰根[7]让英国莱斯特大学的学生来评价一些真实的谚语及其相反的说法时，他一定乐了好一阵子。当看到谚语"恐惧比爱强大"时，大多数人认为此言不虚；但对于其反面"爱比恐惧强大"，学生们也做出了同样的评价。类似地，人们对真正的谚语"堕落的人不能帮助另一个堕落的人"给予了很高的评价，而对其反面"堕落的人能够帮助另一个堕落的人"也给予了很高的评价。不过，我们最欣赏的两句评价很高的谚语是："智者造箴言，愚者重复之"（真正的谚语），以及"愚者造箴言，智者重复之"（杜撰的相反说法）。

后见之明偏差给许多心理系学生带来了麻烦。有些时候，结果的确出人意料。例如，比起银牌获得者，奥运会铜牌获得者对自己的成绩更为满意。更多的时候，你在教科书上读到的实验结论，它们看上去很容易，甚至显而易见；不久之后，当你在考试中做这些多项选择题时，面对多个看上去颇为可信的答案，任务难度就会超出你的想象。备受打击的学生不免抱怨："真不知道是怎么搞的，我还以为自己都明白了。"

"我早就知道了"现象可能还会带来不幸的后果。它可能令我们妄自尊大，高估自己的智慧。不仅如此，由于结果看起来似乎具有可预见性，所以我们更倾向于因那些事后看起来“显而易见”的错误决策而责备决策者，却不因那些同样“显而易见”的正确决策而去褒奖决策者。

从“9·11”恐怖袭击发生后开始回溯，指向灾难迫近的种种信号看起来似乎非常明显。一份美国参议院的调查报告列出了这些被人忽视或误解的线索[8]：美国中央情报局知道基地组织的特工已经潜入了境内；美国联邦调查局的一名情报人员呈给总部的一份备忘录是以这样的警告开头的：“联邦调查局和纽约市：本·拉登可能将学生送往美国的私营航空院校受训。”联邦调查局忽视了这份准确的预警，也未能把它和其他一些预见恐怖分子可能会使用飞机作为武器的报告联系在一起；总统在度假期间收到一份名为“本·拉登决定在美国境内发动袭击”的每日简报。“这些该死的笨蛋！”一听就知道这是后见之明式的批评，“他们怎么就没把所有这些线索联系起来？”

然而，在事后看来清晰明了的事情，事前却没有那么清晰可辨。情报机构里充斥着大量的“噪声”——在支离破碎的有用信息周围，无用信息堆积如山。因此，分析家们不得不就应追踪哪些线索做出选择，而且只有当一条线索得到继续追踪后，才有机会使之与其他相关线索联系起来。在“9·11”之前的六年中，联邦调查局的反恐机构绝不可能追踪所有未经调查的 68 000 条线索。在后见之明看来，那些极少的有用信息，现在看来竟是如此明显。

我们不仅会责备他人，也会为自己所犯的“愚蠢错误”——没能更好地与人相处，或是没能更好地应对事情——自责不已。回头看看，我们就知道当初到底应该怎么做了。“我早就该想到期末的时候会有多忙，早就该开始写论文了。”“我早就该意识到他不值得信任。”但有时候我们对自己过分苛刻了。我们忘记了现在看来显而易见的事情，在当时并非那么明显。

当内科医生得知病人的症状，且通过解剖得知死因时，有时会颇为不解怎么会做出如此错误的诊断；而其他那些只得知症状并未见到解剖结果的内科医生，通常并不觉得这个诊断错得多么离谱[9]。倘若迫使陪审团从先见而非后见的角度出发，那么他们在审理被告人玩忽职守时，是否可以慢一点、审慎地作出判定？

那么，我们应该得出怎样的结论：常识通常是错的吗？有时的确如此。有时常识是对的，或者说正反两面都有道理，比如幸福来自得知真相，抑或来自沉迷幻想？来自与人共处，抑或来自离群索居？观点之多如大海之浩瀚，无论我们发现了什么，总有人对此有所预见。马克·吐温曾经开玩笑说，《圣经》中的亚当是唯一在口吐金言、而后还能确信自己是第一个说这话的人。但是，众多争论中的哪一个最符合真实情况呢？科学研究，可能只有科学研究，能够说清楚在何种情况下常识式老话儿是有效的。

问题的关键并非在于常识可能是错误的，而在于常识在事后看来通常是正确的。因此，我们便免不了误以为，我们所知道的比我们实际知道的要多。而这恰恰是我们需要科学的理由——科学研究可以帮助我们区分真实与幻象，区分真正的预测与简单的后见之明。

3

自我概念：我是谁

在当今的心理学界，自我是被研究得最多的主题。在 2015 年的 *PsycINFO*（心理学研究在线文献库）中，有 26 847 篇（本）论文和图书摘要中出现了“自我”这个词条——这一数字是 1970 年的 25 倍。我们如何认识自己？我们能多准确地认识自己？什么决定了我们的自我概念？

我们世界的核心：我们的自我感觉

你可以用多种方式来完成“我是 ______”这个句子（你可

能会给出哪五种答案呢）。你的答案将勾勒出你的**自我概念**（self-concept）的大致轮廓。

一个人最重要的部分就是自我。自我概念的构成要素，即你用来定义自我的那些特定信念，就是你的**自我图式**（self-schemas）[1]。图式是我们用来组织自己所处世界的心理模板。我们的自我图式，比如我们认为自己是爱好运动的、超重的、聪明的等等，强烈地影响着我们如何感知、回忆以及评价他人和自己。如果爱好运动是你的自我概念的核心（假如成为一名运动员是你自我图式的一部分），你就会倾向于注意他人的身体和技巧。你能很快回忆起与运动有关的经验，而且你会偏爱与自我图式一致的信息[2]。如果你朋友的生日跟你的很接近，那么你更有可能记住他的生日[3]。自我图式构成了我们的自我概念，它可以帮我们组织和提取经验。

我们的自我感觉是我们生活的中心，以致我们倾向于把自己看作舞台的中心，并高估他人对我们的关注程度。由于这种**焦点效应**（spotlight effect，也译作"聚光灯效应"），我们会直觉地高估他人对我们的关注度。

劳森[4]对焦点效应进行了研究。他以大学生为被试，让他们穿上前面印有"美国之鹰"的运动衫去见同学。约40%的大学生确信其他同学会记住自己衣服上的字样，但事实上记住的人仅有10%。大部分观察者甚至没有发现这些大学生中途出去几分钟再回来时换了衣装。在另一项实验中，即使这些大学生的衣着令人尴尬，例如T恤胸前印有歌星巴瑞·曼尼洛的头像，也只有23%的观察者注意到，远低于在胸前炫耀过气摇滚歌手的学生所猜测的比例，他们以为有50%的同学会注意到他们的这款T恤[5]。

这种“焦点效应”不仅适用于我们另类的衣着和糟糕的发型，还适用于我们的情绪：焦虑、愤怒、厌恶、欺骗以及对他人的吸引力[6]。实际上注意到我们的人比我们认为的要少。我们总能敏锐地觉察自己的情绪，于是就常常产生这样一种错觉，以为他人对我们的情绪一目了然。同样，我们也会认为他人能够觉察我们的社交失误和公众场合的心理疏忽。但是研究发现，他人通常注意不到我们的苦恼之处，即使注意到也很快就会忘记[7]。我们的自我意识越强，就越相信这种透明度错觉（illusion of transparency）[8]。

自我与文化

你是如何完成前文中“我是_______”这个句子的？你给出的是你个人特质的信息，例如“我很诚实”“我很高”或“我很外向”，还是描述你的社会同一性（social identity，也译作“社会身份”）的信息，例如“我是双鱼座的”“我喜欢吃麦当劳”或“我是基督徒”？

对某些人（特别是那些西方工业文化中的人）而言，**个人主义**（individualism）十分盛行，身份或同一性是自足的、独立的。

成年意味着与父母分开，个体开始依靠自己，并且开始定义一个人个体的、独立的自我。一个人的身份或同一性——作为有特定能力、特质、价值观和梦想的独特个体——会保持相对稳定。

西方文化假定，相信自己具有自我控制能力会使你的生活富足。西方文学，从《伊利亚特》到《哈克贝利·费恩历险记》，大都赞美那些独立自主的人。电影经常刻画那些反抗当权者的英雄。歌词中也常常鼓吹“我要做我自己”，宣称“至高无上的爱”就是爱自己[9]，或者直言“我就是上帝”“我认为世界应该围着我转”。当人们经历过富裕、流动、城市化和大众传媒之后，个人主义开始盛行起来[10]。

亚洲、非洲和中南美洲的大多数本土文化，更注重**集体主义**（collectivism），尊重和认同群体。这些文化中的人们多好自我批评，较少自我肯定[11]。例如，马来西亚人、印度人、韩国人、日本人和传统的肯尼亚人（如马赛人），比澳大利亚人、美国人和英国人更可能用群体同一性来填充“我是＿＿＿”的句子[12]。集体主义国家的人们在聊天时较少使用人称代词“我”[13]。与美国的教会网站相比，韩国的教会网站更强调社会联结和参与，而较少强调个人的心灵成长和自我完善[14]。

当然，将文化仅仅划分为个人主义和集体主义似乎过于简单化了，因为任何文化中的个人主义在不同的个体之间都有差异[15]。既有个人主义的日本人，也有集体主义的美国人，并且大多数人有时表现出集体主义的行为，有时表现出个人主义的行为[16]。这种差异同样存在于同一国家的不同政治观点和不同区域之间。保守派倾向于成为经济上的个人主义者（“不要征税或管制我”）和道德上的集体主义者（“制定法律来约束不道德行为”）。自由派则倾向于成为经济上的集体主义者（支持全民医保）和道德上的个人主义者（“别拿法律来约束我”）。在美国，夏威夷原住民和生活在深南部的人，要比那些西部山区（比如俄勒冈州和蒙大拿州）的人表现得更为集体主义[17]。富人比穷人、男性比女性、白人比非白人、旧金山人比波士顿人都表现得更为个人主义[18]。

个人主义在文化内的滋长

文化也会随着时间而变化，而且许多文化似乎正在走向个人主义。了解这一趋势的一个方法是，使用谷歌的书籍词频统计器（Google Books Ngram Viewer），它能够显示 19 世纪以来 500 万本图书的全文中词汇和短语的使用情况（你可以自己试一下，它是在线且免费的）。相比之前的数十年，在美国 21 世纪出版的图书中，“获得”（get）用得更多，“给予”（give）更少[19]；“我”（I, me）和“你”（you）用得更多，“我们”（we, us）更少[20]（见图 3-1）。在过去的几十年中，“我”的使用增加同样也出现在其他七种语言中，包括汉语、法语、德语和希伯来语[21]。

从 1980 年到 2007 年，流行歌曲的歌词中“我”出现得越来

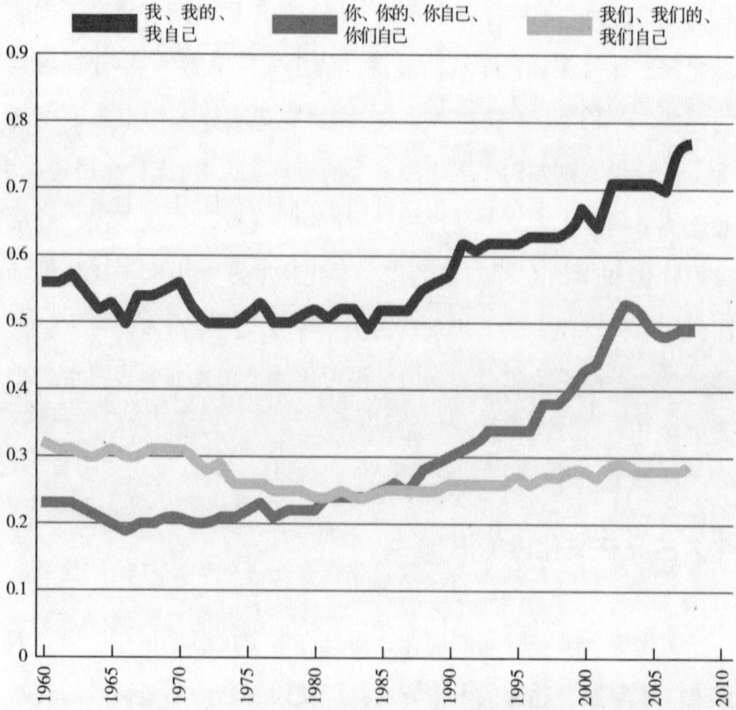

图 3-1 日益增长的个人主义。谷歌的图书数据库显示，与美国在 20 世纪六七十年代出版的图书相比，21 世纪以来出版的图书更频繁地使用“我”“我的”“我自己”以及“你”“你的”“你自己”“你们自己”。[23]

越多，而“我们”出现的频率则降低了[22]。曲风也从 20 世纪 80 年代多愁善感的情歌（如 1981 年的《爱无止境》）转为 21 世纪歌颂自我的歌曲（如 2006 年贾斯汀·汀布莱克的单曲《性感美背》）。这些文化趋势也对个体产生了影响。在美国，今天的年轻人明显比20世纪六七十年代的年轻人报告了更多积极的自我观念[24]（但也有相反的观点[25]）。20岁出头的中国居民比年长者更可能会同意带有个人主义色彩的说法，比如“为你自己起个名字”和“过你自己想要的生活”[26]。

甚至从名字里也能看出这种向个人主义的转变。现在的美国父母不愿意给孩子起一个常见的名字，他们更希望帮孩子挑一个不同寻常的名字，以使其脱颖而出。在1990年出生的男孩中，将近20%的人的名字属于10个最常见的名字之一，而到了2010年，这一比例仅为8%，且女孩的名字也近似这个比例[27]。如今，不是只有名人的孩子才能取诸如“诺思”“苏瑞”或“阿普尔”这样独特的名字。

美国人和澳大利亚人多数是独自移民者的后裔，他们比欧洲人更愿意给孩子起不寻常的名字。美国西部和加拿大居民都是独

立开拓者的后代，与稳定的东部居民相比，他们更愿意给孩子起不寻常的名字[28]。所处的时代或地域越是强调个人主义，父母就越可能给孩子取独特的名字。

这些变化体现了一个比名字更为深刻的规律：个人与社会之间存在互动。究竟是文化对独特性的关注引起了父母对名字的选择，还是持有个人主义观念的父母希望他们的孩子与众不同而创造了文化？歌词同样存在这个“先有鸡还是先有蛋”的问题。究竟是人们更关注自我，所以喜欢听关注自我的歌曲，还是听多了关注自我的歌曲，从而使人们变得更加关注自我？对于这个问题，我们尚不能给出确切的解释，可能是二者兼而有之[29]。

如果你成长在西方文化下，别人可能会告诉你，你可以通过自己的作品、所做的决策、购买的商品甚至文身和身体穿孔来“表达自己”。当被问及语言的作用时，美国学生更可能提及它的自我表达功能，而韩国学生却关注语言如何促进自己与他人的交流。美国学生也更倾向于把他们的选择视为表达自己的方式，并且会更加积极地评价自己的选择[30]。金和马库斯[31]指出，个性化的拿铁咖啡（“低咖啡因拿铁、单份浓缩咖啡拿铁、脱脂奶拿铁、高温拿铁”）在北美的咖啡店里看起来司空见惯，但是在首尔就显得有些怪异了。韩国人不太重视表达自己的独特性，而更重视传统文化和分享行为[32]。韩国的广告倾向于表现众人在一起，而美国的广告则强调个人的选择和自由[33]。

集体主义文化也更倡导归属感以及自我与他人的融合。当研

亚洲人和西方人的思维。当呈现一种水下场景时，亚洲人常常描述环境和鱼类之间的关系，美国人更多地只注意到单个的大鱼[34]。

究者让中国的参与者去想他们的母亲时，一个与自我有关的脑区会被激活；而西方的参与者只有在想自己时，这一脑区才会被激活[35]。具有互依型自我的个体并非只有一个自我，而是有很多个自我：与父母相处时的自我、工作时的自我以及与朋友一起时的自我[36]。如图 3-2 和表 3-1 所示，互依型的自我存在于各种社会关系中。人们的交谈较少直截了当，而是更有礼貌[37]，更看重获得社会的认可[38]。在集体主义文化中，社会生活的目标是融入并支持其所在的群体；而不像在个人主义社会中那样，是为了提升个体自我和自主选择。

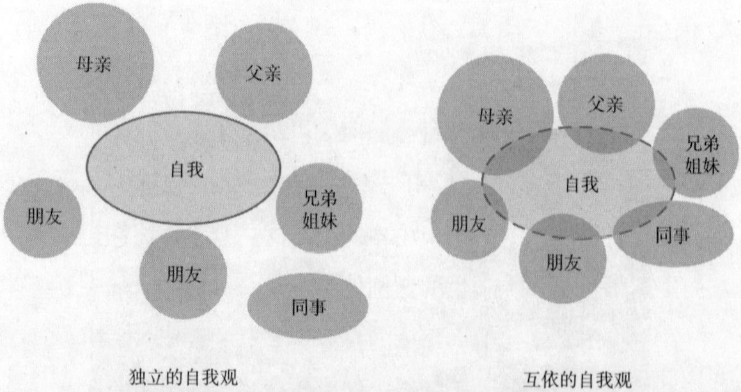

图 3–2 独立的或互依的自我建构。独立的自我承认自我与他人的关系，但互依的自我会更深入地融入他人。[39]

表 3–1 自我概念：独立或互依

	独立（个人主义）	互依（集体主义）
同一性	个人的，用个人特质和目标来定义	社会的，用与他人的关系来定义
看重	我——个人的成就和自我实现；我的权利和自由	我们——集体的目标和团结；我们的社会责任和关系
反对	从众	唯我主义
座右铭	“你要拥有真实的自我”	“任何人都不是一座孤岛”
支持的文化	个人主义的西方	集体主义的亚洲和第三世界

文化与自尊

在集体主义文化中，自尊倾向于可塑（依具体情境而变）而不是稳定（跨情境持久）。在一项研究中，五分之四的加拿大学生认为，自己在不同的情境中本质上是同一个人，而同意这一说法的中国学生和日本学生的比例仅为三分之一[40]。

在个人主义文化中，个体的自尊更多地关乎个人，更少地关乎联系。如果一个西方人的个人同一性受到了威胁，要比其集体同一性受到威胁更让他感到气愤和悲哀[41]。

现在请你想象一下，集体主义文化中的日本大学生和个人主义的美国大学生，他们各自在何时更可能报告他们体验到了积极情绪，比如快乐和得意？研究发现[42]，对日本学生来说，快乐来自积极的社会交往——亲密感、友谊和尊敬；而对美国学生而言，快乐更多来自释放的情绪——效能感、出众和骄傲。集体主义文化中的冲突常常发生在群体之间，而个人主义文化则会产生更多个体之间的冲突（如犯罪或离婚）[43]。

在美国从事十年的教学和研究之后，北山[44]访问了他的日本母校京都大学。当他介绍西方的个人主义自我思想时，研究生们感到“震惊”。“我坚持介绍西方关于自我概念的观念（我的美国学生凭直觉就能理解这一观念），并最终说服他们相信，很多美国人确实持有这种分离的自我观念。尽管如此，最后还是有一个学生深深地叹息道：‘这确实是真的吗？’”

行动中的集体主义：2010年海地地震过后，人们互相帮助。

自我认识

古希腊神谕忠告我们："认识你自己。"我们当然在努力认识自己。我们很容易形成与自己有关的信念，而且西方文化背景下的个体可以毫不迟疑地解释自己为什么会有某种感受和行为表现。但是我们对自己真正了解多少呢？

作家刘易斯[45]写道："在整个宇宙中有一件事，而且只有一件，我们知道得比我们从外部观察中学到的要多，这就是'我们自己'。可以这么说，我们拥有内部信息；我们知道内情。"确实如此。然而，有时候我们以为自己知道，但我们的内部信息却是错的。这正是一些令人着迷的研究得出的不可避免的结论。

预测我们的行为

麦克唐纳和罗斯[46]指出，约会中的情侣往往透过玫瑰色的眼镜，过于乐观地预测他们的关系是否长久，而其朋友和家人常常比他们更清楚。对滑铁卢大学学生开展的研究发现，他们的室友对其恋爱持续时间的预测比他们自己的预测更准确。住院医师们一般不太擅长预测自己在外科技能考试中的表现，但是他们的同侪对彼此表现的预测却出奇地精确[47]。观察者对心理系学生考试成绩的预测，要比这些学生自己的预测好得多，这多半是因为观察者的预测凭借的是学生过去的学业成绩，而不是他们想要通过考试的美好愿望[48]。所以，如果你恋爱了，想知道这段感情会持续多久，那么不要问你的内心，去问你的室友吧。如果你想预测你的一些日常行为，例如你会花多少时间在笑、打电话或看电视上，你的密友能给出准确度不亚于你的估计[49]。

在行为预测中，最常见的一个错误是低估我们完成一项任务的时间［被称为**计划谬误**（planning fallacy）］。波士顿的“大开挖”高速公路建设项目原本设想会用 10 年完工，但是实际上却用了 20 年。悉尼歌剧院预计会在 6 年内完工，但是却花了 16 年。已订婚的夫妇在其预计时间内完成婚礼计划的比例不到 1/3，只有

4/10 的恋人在自己设定的截止日期之前买了计划中的情人节礼物[50]。学生们对功课的完成情况也好不到哪儿去。一项研究让一些正在写毕业论文的本科生预测他们多久能写完。平均而言，学生们写完论文的时间要比他们预计的“最切合实际的”时间晚 3 周，比他们预计的“最糟糕的情况”晚 1 周[51]。但是，朋友和老师们大体能够猜出他们何时完成论文。就像你应该问你的朋友们你的恋爱关系能够维持多久一样，如果你想知道你什么时候能完成学期论文，那就去问你的室友或妈妈吧。或者也可以像微软公司的做法那样：经理们会自动在软件开发者给出的预计完成时间上增加 30% 的时间，而如果项目中涉及新的操作系统，则增加

预测行为并不是一件容易的事情，甚至是预测自己的行为。这就是一些人占卜问卦寻求帮助的原因。

50% 的时间[52]。

所以，怎样才能提高你对自己的预测能力呢？最好的方式就是更现实地估计过去完成类似任务所用的时间。显然，人们之所以会低估完成某件事情的时间，是因为他们错误地记忆了之前完成任务实际所用的时间，记忆中的时间要短于实际所用时间[53]。另一个有效的策略是：估计任务中每一个步骤所用的时间。那些将婚礼计划的每一个步骤描述得更为详细的订婚夫妇，对整个过程所耗费时间的预测就更为准确[54]。

预测我们的感受

我们在做人生中的许多重大决定时，通常会考虑到未来的感受。和这个人结婚能幸福一辈子吗？进入这个行业会有满意的工作吗？这次休假会是一次愉快的经历吗？抑或最后的结果更可能是离婚、职业倦怠和令人失望的假期？

有时候我们知道自己会有怎样的感受——当我们考试不及格，在大型比赛中获胜，或用半小时慢跑来缓和我们的紧张情绪。我们知道什么会让自己愉快，什么会让自己焦虑或厌烦。当然，有时候我们可能错误地预测自己的反应。如果在求职面试时被问起性骚扰的问题，你会有什么感受？伍德茨卡和拉弗朗[55]调查的女性大都回答她们会感到愤怒。然而，当实际被问到这样的问题时，女性体验到的更多是害怕。

“情感预测”的研究显示，人们很难预测自己未来情绪的强度和持续时间[56]。人们会错误地预测自己恋爱分手、收到礼物、输掉选举、赢得比赛和被侮辱后的感受[57]。下面是一些例子。

- 向年轻男性呈现引发性唤起的色情图片，然后使之进入一个充满激情的约会情境。当他们的约会对象要求他们“住手”时，他们承认自己可能无法停下来。如果事先没有向他们呈现过引发性唤起的图片，他们不太可能说自己可能会有性侵犯。当没有性唤起时，个体很容易错误地预测自己性唤起时的感觉和行为——性唤起会让人们出乎意料地表白爱意、意外怀孕，或者让曾真心发誓痛改前非的性虐待者重复犯罪。
- 饥饿的购物者会比那些吃了许多蓝莓松糕的人更可能冲动购物（“那些油炸甜甜圈会很美味！”）[58]。当你饥饿的时候，你难以理解自己吃饱时看油炸甜甜圈有多恶心。吃饱塞满之后，你也就难以理解深夜喝杯牛奶再吃个油炸甜甜圈有多美味——当你已经吃了一两个的时候，购买的欲望会迅速下降。
- 人们预测，当飓风等自然灾害发生时，死亡人数越多，他们会越难过。而当2005年卡特里娜飓风来袭之后，研究者发现，学生们对死去50人或死去1 000人的悲伤程度几乎没有差别[59]。什么能够影响人们的悲伤程度？观看遇难者的图片。难怪电视上那些令人心酸的灾难画面会对我们有如此之大的影响。

- 人们会高估消极事件（比如恋爱分手、未能取得理想的体育比赛成绩[60]）以及积极事件（比如暖冬、体重减轻、更多的电视频道或充裕的休闲时间）对自身福祉的影响。甚至一些极端事件，比如中了彩票或意外瘫痪，实际上对长期福祉的影响也低于多数人的想象。

我们的直觉理论似乎是：我们想要，我们得到，我们快乐。如果这是事实，本模块的篇幅就会小很多。吉尔伯特和威尔逊[61]指出，实际上，我们常常“错误地想要得到某些东西”。人们常常想去一个有阳光、海浪和沙滩的田园荒岛度假，但一旦发现“他们多么需要平凡生活、智力刺激和美味零食”时，可能又会非常失望。我们通常认为，如果我们支持的候选人或球队赢了，我们会高兴很久。但一项又一项的研究显示，这些好消息带来的情绪痕迹消失得比我们预期的快得多。

我们尤其容易高估消极事件的影响。来从个人角度考虑一下。吉尔伯特和威尔逊邀请你想象：如果你失去了非惯用手，一年之后会有怎样的感受。与现在相比，你还有多快乐？

思考这件事的时候，你关注的也许是，这种不幸意味着你再也不能拍手，不能系鞋带，不能打篮球，也不能快速打字了。尽管你可能会永远为失去手而遗憾，但你在事发后的一段时间的总体快乐水平只受“两件事情”的影响：“一是这件事，二是其他所有的事”[62]。人们在关注消极事件时，会忽视其他所有事情对快乐的贡献，因此就会过高地估计自身痛苦的持续时间。研究者斯卡迪和卡尼曼[63]写道："你所关注的任何事情都不会带来你想象的那么大的改变。"

此外，威尔逊和吉尔伯特[64]还认为，人们往往忽视了自身应对机制的速度和力量，包括合理化策略、淡然处之、宽恕和限制情绪创伤等。因为未能意识到我们应对的速度和力量，所以我们比预期更容易适应诸如身体残疾、恋人分手、考试不及格、失业以及个人与团队的失败等挫折。令人惊讶的是，吉尔伯特及其同事[65]报告，相比轻微的愤怒（不能激活我们的防御机制），重大的消极事件（可以激活我们的心理防御机制）所引发的痛苦持续的时间反而更短。在大部分环境中，我们都拥有令人惊讶的心理韧性。

自我分析的智慧和错觉

在很大程度上，我们对什么影响了自己、我们会作何感受以及如何行动的直觉，经常是完全错误的。但是我们也不要夸大这种情形。当行为的原因很明显且正确的解释又符合我们的直觉时，我们的自我感知还是准确的[66]。若行为的原因对观察者来说显而易见，那么对我们而言通常也是明确的。总的来说，个体预测的感受与实际感受之间的相关系数为 0.28，这只是一个弱相关，还远谈不上完美[67]。

我们对很多心理事件都没有觉察。有关知觉和记忆的研究显示，我们对自己思维的结果要比对思维的过程更有觉察。具有创造性的科学家和艺术家，常常无法报告其灵感产生的思维过程，尽管他们很了解结果。

蒂莫西·威尔逊[68]提出了一个大胆的设想：若去分析我们为什么会以这种方式感受，则实际上会降低我们判断的准确性。在9项实验中，威尔逊及其同事[69]发现，个体对事和人有意识地表现出来的态度，常常能较好地预测其随后的行为。然而，如果他们事先要求参与者分析自己的感受，那么他们报告的态度将变得无效。例如，情侣们的幸福水平可以准确地预测几个月后他们是否会继续约会。但是，如果参与者在评价自己的幸福水平之前，细数其关系好或坏的所有原因，那么他们将会误入歧途。他们对幸福水平的评价，在预测他们的未来关系时将变得无效！很显然，对这段关系的深入剖析，会使个体把注意力更多地放在那些易于用语言描述的因素上，而这些因素并没有难以用语言表达的幸福那般重要。我们常常是"自己的陌生人"，威尔逊[70]如是说。

威尔逊及其同事[71]认为，这些研究说明我们有**双重态度系统**（dual attitude system）。我们对人或事自动的、无意识的内隐态度，经常不同于我们那些有意识的、受控制的外显态度[72]。当有人说自己是靠直觉来做决定时，他们指的便是他们的内隐态度[73]。威尔逊指出，尽管外显态度改变起来可能相对容易些，但是，"内隐态度就像老习惯一样，改变起来比较慢。"不过，通过不断重复练习，新的习惯态度可以取代旧的习惯态度。

对自我认识局限性的研究有两个实际的含义和启示。第一个关乎心理调查。自我报告常常是靠不住的，自我认识中的错误限制了个人主观报告的科学效用。

第二个关乎我们的日常生活。即使人们完全诚实地报告和解释他们的体验，也不能保证他们的报告就是真实的。个人证言具有强大的说服力，但也可能是错误的。牢记这种潜在错误，有助于我们较少感到受人胁迫，也不易轻信他人。

4

自我服务偏差

我们大多数人都好往自己的脸上贴金。在自尊研究中，即使那些得分低的人，其分值也基本在中等范围（一个低自尊的人在答“我有些好主意”这样的题时，会用“有时”或“某种程度上”这类限定词作修饰）。在53个国家和地区开展的自尊研究发现，任何一地的自尊平均得分都高于理论上的中间值[1]。在新近的美国大学生样本中，自尊量表最常见的得分是满分，即“完美”的自尊[2]。社会心理学中最易引起争论但又证据确凿的结论之一便是这种**自我服务偏差**（self-serving bias）效力，即个体倾向于以有利于自身的方式来认识自我。

对积极和消极事件的解释

很多实验研究发现，当得知自己成功后，人们乐于把成功归功于自己。他们把成功归结为自己的才能和努力，却把失败归咎于“运气不佳”或“问题本身就无法解决”等外部因素[3]。同样，在解释获胜的原因时，运动员一般会将其归功于自己，而将失败推脱给其他因素，诸如错误的暂停、不公平的判罚、对手过于强大或是作弊等等[4]。还有，考虑一下汽车司机们愿意为自己的事故承担多少责任？在保险单上，司机们总是这样描述他们的事故：“不知从哪里钻出来一辆车，撞了我就跑了”；“我刚到十字路口，一个路障忽然弹起来挡住了我的视线，致使我根本看不见别的车”；“一个路人撞了我一下，就钻到我车轮下面去了”[5]。

自我服务偏差会导致婚姻不和、员工不满以及谈判陷入僵局[6]。所以，我们不必奇怪：为什么离婚者通常把婚姻破裂的责任归罪于对方[7]；经理们经常把业绩差归咎于员工缺乏能力或不够卖力；员工们则会将业绩差归因于一些外部因素，比如工作负荷过重或同事太难相处等等[8]。同样也不必奇怪，当人们得到比大多数同事更多的加薪时，他们会认为理所应当、很公平[9]。

我们总是将自我与成功相联系，而刻意与失败拉开距离，以此保持良好的自我形象。例如，对比一下：“经济学原理我考了个 A”“历史教授给了我个 C”。把失败或他人的拒绝归因于外部事物甚至他人的偏见，要比承认自己不配获得成功相对不那么让

人沮丧[10]。威尔逊和罗斯[11]指出，大部分人会承认那些很久以前的缺点，认为那是“过去的我”。滑铁卢大学的学生们在描述上大学前的自己时，正面、负面描述几乎一样多。但在描述现在的自己时，正面描述则是负面描述的三倍之多。“我比原来更见多识广了，也更成熟了，今天的我比昨天更完善。”大多数人都这样臆测。昨天很烂，今天很棒。

具有讽刺意味的是，我们的偏见甚至会让我们忽视自己的偏见。人们常说自己避免了自我服务偏差，但却认为别人持有这种偏差[12]。在冲突中，“偏差盲点”会导致很严重的后果。假如你正在和室友讨论该由谁来打扫卫生，如果你认为室友的看法有偏差，你更有可能大光其火[13]。显然，我们认为自己是客观的，而其他人都有偏差。

我们都高于平均水平吗

当人们拿自己和他人进行比较时，也会出现自我服务偏差。假如公元前六世纪的中国哲学家老子所言——“是以圣人去甚去奢去泰”——不虚的话，那么我们大多数人都多少有点儿不理智。在主观的、社会赞许的和普遍的维度上，大部分人都觉得自己高于平均水平。与总体水平相比，大多数人都认为自己道德水平更高、更胜任自己的工作、更友善、更聪明、更好看、更少偏见、更健康甚至更具洞察力，并且在自我评价时也更为客观。就连那些被判暴力犯罪的男性也认为自己比多数人更有道德、更友善、更值得信任[14]。（见“聚焦：自我服务偏差——我们如何爱自己？让我们看看都表现在哪些方面。”）

每一个群体似乎都像加里森·凯勒虚构的沃比根湖镇的人们那样：“所有女人都很强壮，所有男人都很英俊，所有孩子都出类拔萃。”很多人都认为自己未来会比一般人过得更好——如果我的现状不错，那么未来会更好，他们好像都这么想[15]。这一现象不禁让人想起弗洛伊德的一个经典笑话，一个丈夫对妻子说：“如果咱俩中的一位去世，我想我会搬到巴黎去住。”

婚姻中也普遍存在自我服务偏差。2008 年的一项调查发现，49% 的已婚男士声称自己承担了一半或大部分的子女教养责任，而只有 31% 的妻子认为丈夫做了这么多。这一调查还发现，70% 的妻子说家里的饭大部分都是她做的，但 56% 的丈夫说自己做

聚焦：自我服务偏差——我们如何爱自己？让我们看看都表现在哪些方面

专栏作家戴夫·巴里[16]指出："有一种东西是所有人都有的，无论年龄、性别、宗教信仰、经济地位或种族背景，那就是每个人在内心深处都相信，自己比一般人要强。"我们也相信自己在多数主观的和社会赞许的特质上强于一般人。自我服务偏差体现在以下这些方面。

- 伦理道德。大多数商人认为自己比一般商人更道德[17]。一项全美调查中有这样一道题："从 1 到 100 分（100 分为满分），你会给自己的道德水平和价值观打多少分？" 50% 的人给自己打 90 分或以上，只有 11% 的人给自己打 74 分或以下[18]。
- 工作胜任力。在一项调查中，90% 的企业经理评价自己的表现优于一般的同级别经理[19]。在澳大利亚，86% 的人认为自己的工作业绩高于平均水平，只有 1% 的人认为自己低于平均水平[20]。大多数外科医生认为自己患者的死亡率要低于平均水平[21]。
- 美德。在荷兰，大部分高中生认为自己比普通高中生更诚实、更有恒心、更有独创性、更友善且更可靠[22]。
- 聪明才智。大部分人觉得自己比周围的普通人更聪明、更好看、更少偏见[23]。当有人的表现超过自己时，人们则倾向于把对方看成天才[24]。

- 赡养父母。与兄弟姐妹们相比，多数成年人认为自己对年迈父母的赡养更多[25]。
- 健康。洛杉矶居民认为自己比大多数邻居更健康，而大多数大学生认为他们将比保险精算所预测的死亡年龄多活 10 年左右[26]。
- 吸引力。你是否像我一样认为自己的大多数照片并不真实？在一项实验中，实验者给人们呈现一系列面孔，包括自己原本的面孔照片以及经过变形后吸引力增强或减弱的面孔照片[27]。当被问及哪个是他们的真实面孔时，人们倾向于认为吸引力更强的面孔是自己的真实面孔。
- 驾驶技术。大多数司机，甚至大部分曾因车祸而住院的司机，普遍都认为自己比一般司机开车更安全且更熟练[28]。

如此看来，戴夫·巴里所言甚是。

饭更多[29]。一条普遍的规律是：群体成员对自己为共同工作所做贡献的估计之和总是超过 100%[30]。

我和妻子常把待洗的衣物扔到卧室洗衣篮旁边的地板上，每天早晨，我们中的一个人会把衣物收进衣篮。当她说我应该对此承担更多的责任时，我在想：“嗯？ 75% 的时候都是我来做的呀！”于是我问她是否认为这事经常是她在做，她回答说：“哦，75% 的时候都是我做的。”

“切换频道可不是整理家务的一部分”

在通常考虑的范围，主观行为维度（如“自律”）会比客观行为维度（如“守时”）引发更强烈的自我服务偏差。2015 年，79% 的大学生认为自己的“成就动机”（一种较难测量的主观特质）在平均水平之上；而在数学能力这一可量化的指标上，只有 49% 的大学生认为自己高于平均水平[31]。我们在构建成功的定义时，上述主观因素给了我们回旋的余地[32]。在评价自己的“运动能力”时，我可能会想到自己的游泳技能，却不会记起那些夏日夜晚，自己躲在垒球外场，祈祷着球千万别打到我的区域来。在评价自己的领导能力时，我会想象出一个风格和我相近的伟大领导者的形象。通过以自己的方式定义一个模糊的标准，我们每个人都会觉得自己是比较成功的。在美国大学入学考试委员

© Jean Sorensen.

会对 829 000 名高中毕业生的调查中，在“与人相处的能力”这一社会赞许的主观维度上，没有人给自己的打分低于平均值，而且有 60% 的人的自评位于前 10%，竟有 25% 的人认为自己属于最优秀的 1% 之列！ 2013 年英国进行的一项调查显示，98% 的 17—25 岁的年轻司机认为自己是一名优秀的驾驶员，即使其中有 20% 的人在通过驾驶考试的 6 个月内就发生了交通事故[33]。

研究者们开始怀疑：人们真的相信他们高于平均水平的自我评估吗？他们的自我服务偏差是否在一定程度上受到问题措辞的

影响[34]？当伊拉诺·威廉姆斯和托马斯·基罗维奇[35]让人们估计自己在测试中的相对表现，并以真钱作赌注时，结果他们发现："的确，人们真的相信他们自我提升的自我评估。"

盲目乐观

乐观主义为人生预先设定了一条积极的道路。杰克逊·布朗[36]写道："那些乐天派们天天早晨都跑到窗前说'早安，上帝'；而那些悲观者则会在窗前说：'上帝啊，天怎么又亮了'。"

对22种文化中的9万多人开展的研究显示，大部分人对事物的看法偏向乐观而非悲观[37]。的确，许多人就像研究者尼尔·温斯顿[38]所形容的那样："对未来的生活事件盲目乐观。"在2006—2008年进行的一项世界范围的民意调查中，大多数人预期未来5年自己的生活会比过去5年改善更多[39]。考虑到随后发生的世界经济衰退，这一预期显得尤其匪夷所思。之所以如此，部分原因在于他们对别人的命运相对悲观[40]。学生们往往认为自己远比其他同学更可能找到好工作，有一份不错的薪水，以及拥有自己的房子。那些消极的经历，诸如酗酒成瘾、在40岁以前突发心脏病或被解雇等，则更可能发生在别人身上。成年女性对乳腺癌相关风险更可能持过度乐观而非悲观的态度[41]。足球迷认为自己喜欢的球队有70%的概率赢得下一场比赛[42]。

自相矛盾 © 1999 Wiley Miller. Distributed by Universal Press Syndicate. Reprinted with permission.

盲目乐观的现象似乎越来越多了。2014 年，三分之二的美国高中毕业生预测他们成年后会成为“非常优秀的”工作者——相当于给了自己顶级五星评价。然而，在 20 世纪 70 年代，只有一半的学生持有这种过于乐观的期望[43]。更惊人的是，48% 的高中毕业生都相信他们能拿到研究生学位，即使只有 9% 的人实际有可能拿到[44]。虽然目标远大有利于成功，但是把目标定得过高的人会感到失望和抑郁，他们要学会使自己的目标更切合实际[45]。

盲目的乐观让我们更加脆弱。由于相信自己总能幸免于难，我们往往不去采取明智的预防措施。性活跃但不愿坚持采用避孕措施的女大学生们认为，与学校中的其他女生相比，自己不太可能意外怀孕[46]。那些相信自己的驾驶技术“高于平均水平”的老司机们在驾驶考试中不及格并被评为“不安全”的可能性，是那些谦虚司机们的 4 倍[47]。那些高估自己学习能力的大学新生经常会体验到自尊心和幸福感受挫的痛苦，而且更可能退学[48]。甚至

17 世纪人类经济理性的捍卫者、经济学家亚当·斯密也预见到，人类会高估自己赢利的可能性。他认为，这种“对自己好运的荒谬假设”来源于“绝大多数人对自身能力过于自信的幻想”[49]。

另一方面，乐观主义确实比悲观主义更能增强自我效能感、促进健康和提升幸福感[50]。作为天生的乐天派，大多数人相信自己在未来生活的各个方面都会更幸福，这种信念有助于营造当前的快乐心态[51]。悲观者甚至寿命也更短，这似乎是由于他们更可能遭遇不幸的事故[52]。如果乐天派的史前祖先比悲观派的祖先更有可能克服困难并生存下来，那么我们倾向于乐观也就不足为奇了[53]。

盲目乐观：大多数夫妇都对白头偕老满怀信心，实际上，在个人主义社会里，半数的婚姻以离异告终。

然而，稍微现实一点，或者如朱莉·诺雷姆[54]所称的防御性悲观主义，有时可以把我们从盲目乐观的危险中拯救出来。防御性悲观主义会让我们预见问题的发生，并促使我们进行有效的应对。正如一句中国成语所说：“居安思危。”某些过度乐观的学生（许多差生也会盲目乐观）会从适度的自我怀疑中受益，因为这能激发他们的学习动机[55]。那些过分自信的学生倾向于不做充分的准备，而那些和他们能力相当但不太自信的同学则会加倍努力学习，从而获得较高的成绩[56]。以一种更直接、更现实的视角看待事物通常是很有帮助的。在一项实验研究中，学生们要预测他们的考试成绩。当这项考试只是假设的时候，他们的预测超乎寻常地乐观；但是当考试真的来临时，他们对自己成绩的预测却出人意料地准确[57]。当没有什么能证明你错了的时候，你可以夸夸其谈地自吹自擂；但是随着考试的临近，这才意识到最好还是不要让自己看起来像个吹牛的傻瓜。

虚心听取批评也很重要。“我经常告诉学生们一条温和的规则，”大卫·邓宁[58]写道，“如果有两个人各自给了对方同样的消极反馈，他们至少应该考虑一下这一反馈在多大程度上是真实的。”所以，消极的思维和积极的思维都各有其力量。记住这句格言：学业以及其他方面的成就既需要足够的乐观精神以支撑希望，也需要足够的悲观心态以引起重视。

虚假普遍性和虚假独特性

我们常常表现出一种奇怪的倾向，即通过高估或低估他人像我们一样思考和行事的程度来提升我们的自我形象。在见解方面，我们会高估他人对我们立场的赞成度以寻求支持，这种现象被称为**虚假普遍性效应**（false consensus effect）[59]。某一社交网站的调查发现，当其用户的政治观点或对其他问题的看法与朋友一致时，他们估计的准确率高达 90%；而当不一致时，他们估计的准确率只有 41%[60]。也就是说，当朋友实际上并不赞同自己的观点时，他们却大多认为朋友和自己观点一致。不只是在政治观点上存在这种现象，当美国加利福尼亚州的大学生讨论他们特别喜爱的名人时，他们明显低估了其他人对他们的偶像讨厌的程度[61]。对土著人有偏见的澳大利亚白人更可能认为其他白人也同样存有这种偏见[62]。我们对世界的理解看起来就像常识。

如果我们做了错事或是在任务中失败，我们会安慰自己，认为这些失误很正常。当某个人对别人说了谎，从此他便觉得其他人也不诚实[63]。如果我们对另一个人产生了性兴趣，我们也许会高估对方对自己的欲望。我们会猜测别人的想法和行为方式与我们一样：“我是说谎了，但所有人不都说谎吗？”如果我们偷税漏税、吸烟或花钱整容，我们常常会高估有同样行为之人的数量。正如前《海岸救生队》演员大卫·赫索霍夫所说：“我的确打肉毒杆菌了，可别人也打啊！”有句谚语说得好：“我们看到的不是事物的本来面目，而是我们内心的模样。”

罗宾·道斯[64]认为，虚假普遍性之所以会发生，是因为我们通过归纳得出的结论来自一个有限的样本，而这个样本显然还包括我们自己在内。既然缺少其他信息，何不使用我们自己内心的“投射”呢？何不把我们自己的认识推己及人，用自己的反应作为线索来推断别人的反应呢？同时，我们更可能跟那些态度和行为与我们相同的人交往，因此更可能透过这些熟悉者的眼光来评判世界。难怪德国人往往认为典型的欧洲人看起来更像德国人，而葡萄牙人则认为欧洲人更像葡萄牙人[65]。

在能力方面，当我们干得不错或获得成功时，则更容易出现**虚假独特性效应**（false uniqueness effect）[66]。我们把自己的才智和品德看成是超乎寻常的，以完善自己的自我形象。在诸如政治等个人观点方面，荷兰大学生更喜欢成为大群体的一员（虚假普

我承认这份简历看起来非常有吸引力。但你也知道，

这年头，每个毕业生的毕业排名都在班级的前 10 名。

我们所有人都高于平均水平吗？

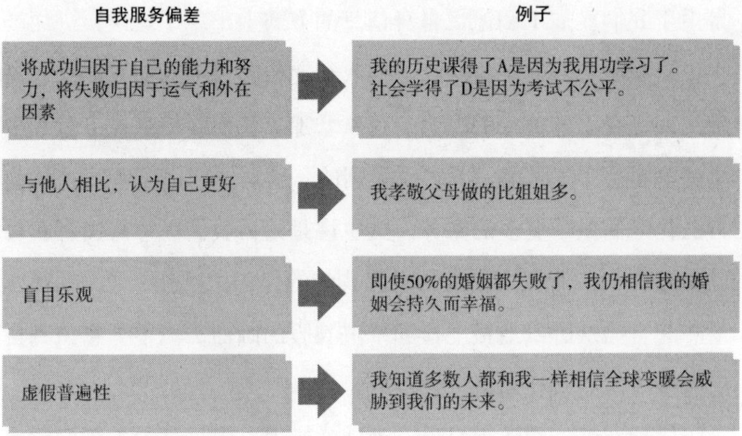

图 4–1　自我服务偏差如何起作用

遍性）；而在音乐偏好等个人品位方面，他们却更喜欢成为小群体的一员（虚假独特性）[67]。毕竟，如果喜欢某个乐队的人太多，这个乐队就显得没那么酷了。

总之，自我服务归因、自命不凡式的比较、盲目乐观以及自身缺点的虚假普遍性，所有这些倾向都是自我服务偏差的表现（见图 4-1）。

自尊动机

为什么人们会以一种自我提升的方式来看待自己呢？这可能

是由于我们在加工和记忆自身信息的方式上出现了错误，进而产生了自我服务偏差。将自己与他人相比较，要求我们去注意、评价、回忆自己和他人的行为，这就增加了我们在信息加工过程中出错的机会[68]。回想一下之前提到的一项研究，已婚者往往认为自己比配偶做了更多的家务。这也许是因为我们更容易回想起自己做过什么，而往往很难回忆起我们的伴侣做过什么[69]。我很容易想起自己从卧室地板上捡起待洗衣服的画面，但很少意识到自己有多少次心不在焉地置之不理。

这种有偏差的认识只是一种知觉错误，即一种关于我们如何处理信息的非情感性差错，抑或其中也涉及自我服务的动机？研究已经证实了我们有多种动机。我们寻求自我认识，渴望评定自己的能力[70]。我们寻求自我证实，渴望验证我们的自我概念[71]。我们寻求自我肯定，尤其渴望提升我们的自我形象[72]。所以，试图提升自尊促进了自我服务偏差的出现。正如社会心理学家丹尼尔·巴特森[73]所推测的那样："头脑是心的延伸。"

大多数人都会极力维持自己的自尊。事实上，与享受美食和性爱、访友、饮酒或领薪相比，大学生更喜欢提升自己的自尊[74]。这似乎有点儿不可思议，自尊竟然远比性爱、比萨和啤酒更重要！

当我们的自尊受到威胁，比如我们失败了或与他人相比处于劣势，此时我们会有怎样的反应？当兄弟之间的能力相差甚远，比如其中一人是运动健将，而另一人则能力平平，则他们的关系往往不会太好[75]。在一项荷兰的研究中，研究者让大学生观看一

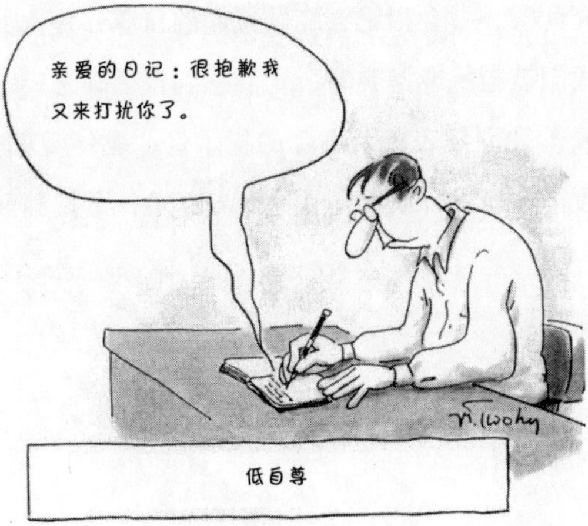

位年轻女性参加荷兰版《美国偶像》节目时严重走音的视频，那些经历了“双重打击”（低自我评价和消极反馈）的人感到更加幸灾乐祸[76]。不幸者喜欢嘲讽他人的不幸。

自尊的威胁也发生于朋友之间，因为朋友的成功要比陌生人的成功更具威胁性[77]。自尊水平也会影响个体的反应：在自尊受到威胁时，高自尊的人通常会做出补偿反应，如抱怨别人或下次更加努力，这些反应有助于他们维持积极的自我感觉；而低自尊的人则更容易自责或自弃[78]。

是什么给我们提供了动力，支撑我们维持或增强自尊？马克·利里[79]认为，我们的自尊犹如汽车上的油量表。关系能够保护我们，使我们得以生存和发展。因此，当我们遭遇威胁性的社会拒绝时，自尊指示表会警示我们，促使我们对他人的期望更加敏感。研究证实，社会拒绝会降低我们的自尊，使人们更渴望被接纳。当我们被拒绝或抛弃时，我们感到自己缺乏魅力或能力不足。这种痛苦如同仪表盘上闪烁的指示灯，驱使我们采取行动，比如自我改进和迁善，或者在其他地方寻求社会接纳和包容。

5

自恋以及自尊的限度

我们对社会心理学家所揭示的强烈的自我服务偏差已经进行了探讨。当大多数人认为自己比他人的道德水平更高且更应得到回报时，人与人之间以及国家与国家之间出现冲突就再正常不过了。

对自我服务偏差的研究揭示了人性的真谛。但是因为世界纷繁复杂，单一的真理无法让我们看到事实的全貌。自尊既有利也有弊。

高低自尊的权衡

低自尊者更容易感到焦虑、孤独和患上进食障碍。当感觉糟糕或受到威胁时，低自尊的人往往会用负面眼光看待一切。他们注意并记住别人最坏的行为，认为伴侣不爱自己[1]。不幸的是，试图通过一味地讲一些积极的话语（比如“我是一个值得爱的人”）来提升低自尊会适得其反,实际上这让低自尊者感觉更糟[2]。低自尊的人也不想听到关于负面经历的积极解读，比如“至少你学到了一些东西”。相反，他们更喜欢富有同情心的回应，即使这种回应是负面的，比如“这真的糟透了！”[3]。

低自尊的人在生活中也会遇到更多的问题，例如，挣钱少、药物滥用，而且也更可能患上抑郁[4]。一些研究取得了关键性进展，通过追踪人们随年龄的变化［称为**纵向研究**（longitudinal study）］，发现青少年时期自尊较低的人往后更可能陷入抑郁，这表明低自尊会导致抑郁，而不是相反[5]。两个变量之间的相关有时是由第三变量导致的。低自尊的人可能在小时候经历了贫穷、性虐待，或者父母吸毒，这些都有可能引起日后的艰难挣扎。果然，一项研究将这些因素都加以控制后发现，自尊和负性结果之间的联系消失了[6]。低自尊似乎只是一种潜在痼疾的表面症状——艰难的童年生活可能才是罪魁祸首。

当好事发生时，相比于低自尊的人而言，高自尊的人往往更能尽情享受并保持这种良好的感觉[7]。谢利·泰勒及其同事[8]指出：

"相信自己比同伴拥有更多的天赋和优良的品质，能使我们对自己保持良好的感觉，而且这种积极的自我感受能为我们提供应对日常生活压力环境所需的资源。"正如对抑郁和焦虑的研究所揭示的，自我服务知觉可能是有益的。认为自己比实际更聪明、更强大、社交上更成功，也许是一种有利的策略。对自我的积极信念同样会激发我们去努力（从而创造出自我实现的预言），并在困境中保持希望[9]。

高自尊还有一些别的优势，它有利于培养主动性和韧性，并让人体验到愉快的感觉[10]。不过，青少年团伙头目、极端种族主义者、恐怖主义者以及监狱中的暴力犯罪者，这些人也同样具有较高的自尊[11]。鲍迈斯特及其合作者[12]指出："希特勒的自尊就非常高。"自尊也不是成功的关键：自尊不会带来更好的学业成就或更好的工作表现[13]。你能猜出美国哪个族裔的自尊最低吗？对，是亚裔美国人，但他们在学生时代的学业成就最优秀，成年后收入的中位值也最高。正如你之前学到的，亚洲文化更强调自我提升而不是自尊，这种强调可能会带来更好的表现。

鲍迈斯特[14]说道："那些满怀热情倡导自尊运动的主张，基本上不是幻想就是胡说八道。"他估计他本人"在自尊领域发表的研究可能比任何人都多……自尊的影响是微弱的、有限的，而且并不都是好的。"他指出，高自尊的人常常令人讨厌，他们喜欢插嘴打断别人，喜欢发号施令，而不是平等交流（与那些害羞、谦虚、低自尊的人相比）。"我的结论是，自我控制远比自尊更有价值。”

此外，过度追求自尊会适得其反。克罗克及其同事发现，与那些将自尊建立在内在因素（如个人美德）之上的人相比，自尊取决于外在因素（例如学业成绩、周围他人的看法）的人会经历更多的压力、愤怒、人际关系问题、吸毒、酗酒以及进食障碍[15]。

克罗克和帕克[16]指出，具有讽刺意味的是，那些试图通过变得漂亮、富有或受人欢迎来寻求自尊的人，对真正有利于提高自我感觉的东西却视而不见。那些试图通过“掩其不善而著其善”来给室友留下好印象的大学生发现，室友对他们的喜爱不增反降，这更加削弱了他们的自尊[17]。克罗克解释说，追求自尊，就如同从一个小洞把手伸进桶里抓一个美味的苹果，结果却被卡住了，因为你的手抓紧苹果后变得太大了[18]。当我们专注于提升自尊时，我们就不易敞开心扉接受他人的批评，不易与他人产生共情，更加强迫自己在活动中追求成功，而不是享受过程。长此以往，这种对自尊的追求便不能满足我们对能力、人际关系和自主性的深层需求。克罗克发现，与其伸手去取苹果却失败了，还不如学学“苹果籽”约翰尼（原名Johnny Chapman，是美国家喻户晓的传奇人物，他用了40多年的时间播撒苹果种子，用苹果树帮助移民将荒原改造成了家园——译者注）——他播种苹果是为了让其他人都能吃到苹果，而不是自己吃。

克罗克发现，这种富有同情心的方式实际上更有可能带来人们所寻求的高自尊。例如，那些对室友抱有同情心的大学生（“我想支持我的室友”）与室友的关系更好，并因此获得了更高的自尊[19]。类似的方法也适用于我们对自己的看法。克里斯汀·聂夫[20]将这种方法称作自我同情，即不与他人比较，而是善待自己。如印第安谚语所说：“真正的卓越并非超越他人，而是超越从前的自己。”

自恋：当自尊变成了自负

高自尊如果越界变成了**自恋**（narcissism），或者掺杂了膨胀的自我感，就会变成大问题。如果自尊是自信，那么自恋就是过度自信，即一种关于自己多么多么优秀的不合理信念。自尊和自恋的另一个关键区别在于对他人的关心以及与他人的关系。大多数高自尊的人既重视个人的成就又重视与他人的关系。自恋者缺乏关心他人这一维度[21]。虽然自恋者在关系的早期可能是外向的、迷人的，但是天长日久，他们的自我中心倾向往往会导致关系出现问题[22]。

在一系列实验中，布什曼和鲍迈斯特[23]让大学生志愿者分别写一段短文，之后他们会得到一些讽刺性的评价（“这是我所见过的最烂的文章！”）。自恋分数高的人更有可能发起报复——实验中，对着他们认为批评过自己的学生，施以令人痛苦的耳机噪音。自恋者不会攻击表扬（“好文章！”）他们的人，因此是侮辱引发了报复行为。但报复行为和自尊的关系又如何呢？或许仅仅是那些“不安全”的自恋者（低自尊的人）才会猛烈回击。但事实证明，高自尊且高自恋的人最具有攻击性。在教室情境中依然如此：那些自尊和自恋水平都很高的人为了报复批评过他们的同学，最有可能给其很低的评分[24]（图 5-1）。自恋者在受到公开的侮辱时（戳破了他们精心构建的优越感泡沫）最容易大发雷霆。为此，必须有人付出代价[25]。的确，自恋者可以很有魅力、很有趣，但正如一位智者所言：“假如你招惹了他们，那只能望你好自为之。”

那么，那些自我膨胀的人，是否只是在掩饰他们内在的不安

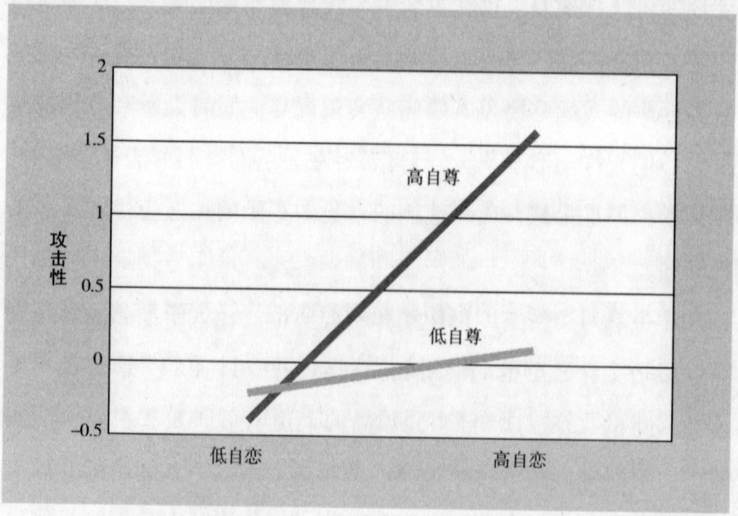

图 5–1 自恋、自尊和攻击性。自恋和自尊共同影响攻击性。在布什曼及其同事的实验中[26]，对同学的批评实施报复的条件是：既自恋又高自尊。

全感？那些自恋的人，是否在“内心深处”厌恶自己？最近的研究发现，答案是“否”。在自恋人格特质量表中得分高的人，在自尊量表中得分也高。为了防止自恋者虚假地评价自己的自尊，研究者们做了一项实验。他们让大学生去玩一个电脑游戏，这个游戏要求他们尽可能快地按键去为“我”搭配另一些词，这些词包括“好的”“极妙的”“非常好”和“对的”,还有一些词是“坏的”“可怕的”“恐怖的”和“错的”。自恋量表得分高的人会比其他人更快地将好词与自己联系起来，而更慢地将坏词与自己匹配[27]。自恋者甚至能更快地识别出“坦率的”“占优势的”和“坚定自信的”等词。为了安慰自己，我们可以认为某个自大的同学只不过是为了掩盖自己的不安全感，但更有可能的是，这些人从心底里认为自己棒极了。

文化中日益增长的个人主义是否也助长了自恋？看起来确实如此。从阿拉巴马到马里兰再到加利福尼亚的校园里，自恋的分数都在随着时间的推移不断上升[28]。自恋水平的上升也出现在其他文化中，包括中国[29]、韩国[30]和新西兰[31]。自恋与物质主义相关，如追求成名、膨胀的欲望、越来越少的忠诚关系和越来越多的“一夜情”、赌博和欺骗，这些现象都随着自恋水平的上升而增多[32]。自恋也与同理心（empathy，也译作“共情”）能力的降低有关。同理心是指能够站在他人的角度，关心别人的困扰和问题。研究发现，大学生的同理心在急剧下降。研究人员推测，年轻一代可能过度沉迷于网络交际，导致他们面对面的交际能力退化了[33]。也可能是由于当今社会竞争过于激烈，年轻人“都忙于努力追求个人成功”，一心只想着自己的成就，因此同理心下降了。

自恋者似乎意识到了自己的自恋。只需问问人们是否同意“我是一个自恋者”就可以预测自恋行为，其结果与包含40个题项的标准测验几乎是一样的[34]。自恋者知道他们的自我评价优于他人的评价，承认自己傲慢并夸大自己的能力[35]。他们也认识到自己给人的第一印象很好，但时间长了，他们往往很不受欢迎[36]。弗兰克·劳埃德·赖特说：“在职业生涯的早期，我不得不在坦诚的傲慢和虚伪的谦逊之间做出选择。我选择了前者，而至今都没有发生任何事情使我改变这一想法。”

许多人认为自恋是成功的必要条件——好人总是最后一个成功，所以你可以自吹自擂然后取得成功。这有一定的道理：当有观众时自恋者表现更好，所以站上舞台或拿起麦克风对他们来说更轻松[37]。然而，在大多数领域，自恋者并不比其他人更成功。自恋的大学生成绩更差，更可能辍学[38]；自恋者在工作中的表现往往更差[39]，部分原因是他们会疏远他人。自恋者可能认为他们不需要努力工作，因为他们已经足够完美；或者更易冒不必要的风险，因为他们相信，他们总是有个好结局[40]。尽管人们欣赏自恋者作为领导者表现出的权威，但他们领导的团队的业绩往往较差，因为他们不能进行良好的沟通[41]。总的来说，自恋不是成功之道。

自我效能

然而，有些类型的积极自我观是颇为有益的。斯坦福大学的心理学家艾伯特·班杜拉[42]在他的研究中发现了积极思维的力量，并将之理论化为**自我效能**（self-efficacy；我们对完成某项任务的胜任力评价）。对自己能力与效率的乐观信念可以获得可观的回报[43]。自我效能感较高的儿童和成人更有韧性，较少焦虑和抑郁。他们还生活得更健康，并且有更高的学业成就。

在日常生活中，自我效能引导我们制定有挑战性的目标，并且更能坚持。100 多项研究显示，自我效能可以预测工人的生产力[44]。241 项研究的结果表明，对考试表现的自我效能是大学生平均学分绩点（GPA）的最强预测因子之一[45]。当出现问题时，较高的自我效能感会指引人们保持平静的心态并积极寻求解决方案，而不是一味怀疑自己能力不足。能力加坚持就能产生成就。伴随着成就的获取，自信就会增强。像自尊一样，自我效能感会在获得来之不易的成就后增强。

自我效能和自尊听起来很相似，但却是两个不同的概念。如果你相信你有能力做一些事，这就是自我效能。如果你总体上喜欢你自己，这就是自尊。当你还是一个孩子的时候，家长经常会鼓励你说“你很特别！”（目的是建立自尊），或者说“我知道你行！”（目的是建立自我效能）。一项研究显示，自我效能的反馈（“你真的很努力！”）会比自尊的反馈（“你真的很聪明！”）带来更好的表现。对孩子说他们很聪明，会使他们不敢再次尝试——“可能下一次就不会表现得这么好。”如果人们受到的鼓励是“你真的很努力”，那么他们知道下一次自己还可以付出更大的努力[46]。如果你想要鼓励某人，那就努力关注和提升其自我效能而非自尊。

6

基本归因错误

社会心理学中最重要的研究课题是我们究竟在多大程度上会受到社会环境的影响。每时每刻，我们的内心活动和由此发出的言语和行为，都取决于我们所处的情境以及我们给情境所带来的影响。在实验中，两种情境间的微小差异有时会极大地影响人们的反应。作为一名教授，我（迈尔斯）对这一点深有体会。在上午 8:30 和晚上 7:00 讲授同一门课，我会得到不同的反应。上午 8:30，学生们会安静地注视并向我问候，而在晚上 7:00，我不得不打断学生们如派对般的热烈讨论。虽然在每一种情境下都有一些比较健谈的人，但这两种情境间的差异超越了个体间的差异。

归因的研究者发现人们在归因时存在一个普遍问题。在解释他人的行为时，我们常常低估了情境的影响，高估了行为反映个人特质和态度的程度。因此，尽管知道不同的上课时间会对课堂讨论产生不同的影响，但我还是很容易认为，晚上 7:00 上课的学生比上午 8:30 来上课的学生更加外向。同样，我们会觉得人们摔倒是因为他们笨拙，而不会觉得是因为他们被绊了一下；我们会觉得人们微笑是因为他们高兴，而不是在假装友好；我们会认为人们在高速路上从我们旁边飞驰而过是因为他们在挑衅，而不是因为他们急着去赶一个重要会议。

这种个体在归因时低估情境因素作用的倾向，被李·罗斯[1]称为**基本归因错误**（fundamental attribution error），它已被许多实验所证实。在第一个这样的研究中，琼斯和哈里斯[2]让杜克大学的学生阅读辩论者支持或者反对某个政治人物（甲）的演讲稿。当告诉学生该演讲的立场是由辩论者自己选择的时候，学生们认为这是辩论者个人态度的反映，这也是符合逻辑的。但如果告诉学生，该演讲的立场是由教练指派的，那么他们又会如何归因呢？学生们还是会推断辩论者的立场与教练指派给他们的立场是一致的（图 6-1）。人们似乎会想："对，我知道他是被指派的，不过，我认为他真的相信那种观点。"

在解释他人的行为时，我们会犯基本归因错误，而对自己的行为，我们却常用情境因素来解释。所以伊恩会将自己的行为归因于情境（"我很生气，因为一切都乱套了"），但罗莎却认为"伊恩是一个脾气暴躁的人，因此他总是满怀敌意"。

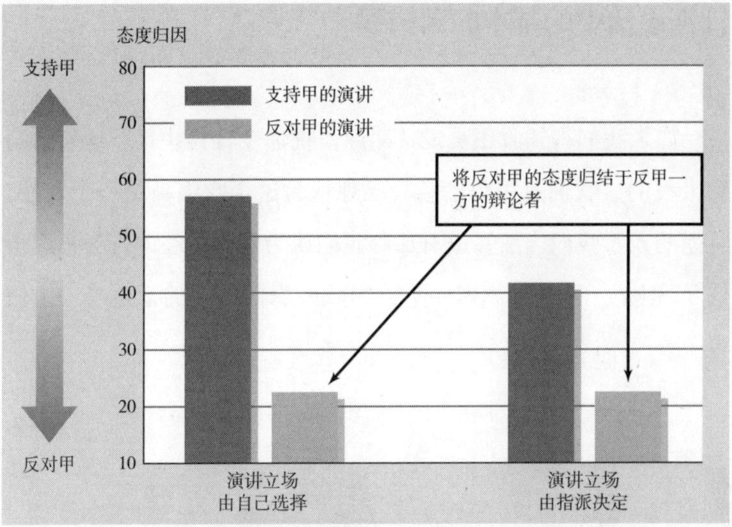

图 6-1 基本归因错误。当人们读一篇支持或者反对某个政治人物（甲）的辩论稿时，他们通常将辩论稿的态度归于撰稿者本人，即使作者的立场是由辩论教练指派的。[3]

当涉及自己的时候，我们通常使用描述行为和反应的词语（“当……时我会感到很气恼”）。当涉及他人的时候，我们通常会描述他 / 她是个什么样的人（“他是个令人讨厌的人”）[4]。那些将妻子的批评归因于她“刻薄和冷淡”的丈夫更容易有暴力倾向[5]。当妻子对两人间的关系流露出不满时，丈夫会作出最糟糕的理解，并愤怒地进行回应。

日常生活中的基本归因错误

如果我们得知收银员说“谢谢，祝你今日愉快！”这句话是别人教的，我们是否仍然会自动地认为这个收银员是一个友好、感恩的人？我们当然知道对那些我们认为别有用心的行为不能全信[6]。但是，让我们思考一下，当威廉姆斯学院的学生与一个假

当我们看到某个电影演员扮演一个“英雄”或“恶棍”的角色时，我们发现很难避免产生这种错觉，即剧本中的行为反映了演员内在的性格。格伦·克洛斯（Glenn Close）扮演过很多邪恶的角色，从《致命诱惑》（*Fatal Attraction*）中杀兔子的女人到电视剧《裂痕》（*damages*）中不道德的律师。而在现实生活中，克洛斯是一位关爱他人的活动家，与他人共同创立了一个非营利组织，致力于提高人们对精神疾病的认识。

装热情友好或者孤僻冷淡的心理学研究生谈话时都发生了什么。研究者纳波利坦和戈瑟尔斯[7]事先告诉一半的学生，这个研究生的行为是自发的。他们告诉另一半学生，为了达到这个实验的目的，她一直在假装友好（或者不友好）。该信息对他们的评价有什么影响？没有任何影响。如果她表现得友好，他们就认为她真的是一个友善的人；如果她表现得不友好，他们就推断她是个不友善的人。同样，当看到口技表演中的木偶或者一个电影演员在扮演“好人”或“坏蛋”时，我们不可避免地产生“剧本中的行为就是演员的本色表演”的错觉。

一项实验重现了李·罗斯从研究生变成一名教授的亲身经历。在博士生口试（博士项目结束前，向专业教授介绍自己的研究情况并回答问题的一项制度——译者注）中，那些杰出的教授们就他们所专攻的课题轮番向他提问，这令罗斯自惭形秽。6个月后，罗斯博士自己做了考官，现在，他可以在自己擅长的领域里提一些尖锐的问题。被罗斯提问的那名倒霉学生后来承认，他的感受和罗斯半年前的感受一模一样——对自己的无知感到不满意，对考官的睿智印象深刻。

在一个模仿他从学生到教授的经历的实验中，罗斯设计了一个模拟问答游戏。他随机指定了斯坦福大学的一些学生扮演提问者的角色，一些学生扮演参赛者的角色，其他一些学生进行观察。研究者要求那些扮演提问者的学生编制一些能够证明自己知识丰富的难题。我们中的任何人都能根据自己擅长的领域想象出那些问题会是什么样子："班布里奇岛在哪里？""苏格兰女王玛丽是怎么死的？""欧洲和非洲哪个洲的海岸线更长？"如果仅仅是这几个问题就使你觉得自己很无知，那么你就能理解这个实验的结果了[8]。*

每个人都应该知道，提问者实际上是占有优势的。然而参赛者和旁观者（不包括提问者）都错误地认为那些提问者确实比参赛者更博学（图 6-2）。后续的研究表明，这些错误印象绝不是社会智力较低的反映。甚至正相反，大学生及其他聪明和社交能力强的人反而更容易犯归因错误[10]。

在现实生活中，那些拥有社会权力的人通常发起并控制谈话，而这通常会导致下属高估他们的知识和智力水平。例如，人们通常认为医学博士在其他许多与医学无关的领域也是专家。同样地，学生通常会高估老师的才华（就像在上述实验中一样，老师在他们所擅长的专业领域扮演提问者的角色）。当这些学生中的一些人后来当了老师时，他们通常会惊奇地发现，老师并不是像他们原来想象的那么睿智。

要进一步举例说明基本归因错误，我们只需仔细回顾一下自己的经历。为了结识一些新朋友，妮可强装笑脸，小心翼翼地参

---

* 班布里奇岛与西雅图隔普基特湾相望。玛丽被她的表姐，也就是女王伊丽莎白一世处以斩首之刑。虽然非洲大陆的面积是欧洲大陆的两倍还要多，但欧洲的海岸线却更长（欧洲的海岸线更加曲折，拥有更多的海港和水湾，这个地理因素也为欧洲在海上贸易历史中的地位作出了贡献）。

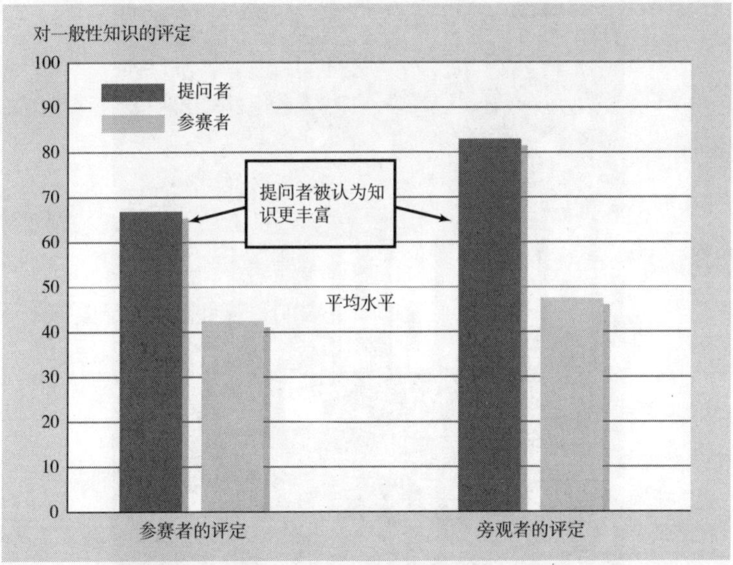

图 6-2 参加模拟问答游戏的参赛者和旁观者都认为，被随机指派扮演提问者角色的学生远比扮演参赛者的学生更博学。实际上，只是提问者和参赛者的角色分配让前者看起来更有知识。这种错误认识的确证明了基本归因错误的存在[9]。

加了一个聚会。在聚会上，别人都谈笑风生，显得轻松愉快。妮可心想 ：“为什么每个人在这样的团体里都那么轻松自在，而我却害羞又紧张呢？”实际上，每个人都感到紧张，并且也犯了与妮可同样的归因错误，认为妮可和其他人就像他们表现的那样自信而欢乐。

人们通常认为出题考别人的人非常聪明，如老师和电视问答节目的主持人。

我们为什么会犯归因错误

到目前为止，我们已经看到了人们在解释他人行为时的一种偏差，即常常忽略强大的情境因素。为什么我们倾向于低估情境因素对他人行为的影响，而不是我们自己的行为？

视角和情境意识

归因理论家指出，当观察他人和我们自己的亲身经历时，我们的视角会有所不同[11]。当我们作为行动者时，环境会吸引我们的注意；而当我们观察别人的行为时，那个人会成为我们注意的中心，而环境就变得相对模糊了。如果我自己发火，那是因为当时的情境太让我生气了。但当看到别人暴怒时，我会觉得他似乎脾气不好。

通过对 173 项研究的分析，伯特伦·马莱[12]得出结论：行动

基本归因错误：观察者低估了情境的作用。驾车到加油站，我们可能认为把车停在第二个油泵处挡着第一个泵的人缺乏公德心。实际上那个人刚到加油站时，第一个泵正在使用中，因此应把他的行为归因为情境所致。

者与观察者之间的差异通常是微乎其微的。当我们感觉某种行为是有意为之并值得赞赏时，就会将它归因为我们自己的优点，而忽略情境的作用。只有当我们表现得不好时，我们才会淡化自己的个性，并将行为归因于外部情境。而此时，某个旁观者则会不自觉地从我们的行为中推断出我们的某个特质。

当人们观看嫌疑犯在警方审讯中坦白认罪的录像时，如果摄像机聚焦在嫌疑犯身上，那么人们会认为嫌疑犯的认罪是真诚的；如果摄像机聚焦在侦探身上，他们就会认为嫌疑犯是被迫认罪的[13]。尽管法官指示人们不要犯这种错误，但摄像机的视角仍然会影响人们的罪责判断[14]。

在法庭上，大部分的认罪录像都聚焦在嫌疑犯身上。拉丝特和达德利[15]指出，正如我们所料，检察官将这样的录像带播放给陪审团看，定罪率接近百分之百。正是由于了解到拉丝特对摄像机视角偏差的研究，新西兰以及加拿大和美国的部分地区颁布了一项新政策，规定审讯录像必须给予警官和嫌疑犯同样多的镜头。

视角会随时间变化

总统选举后的第二天，伯格和帕维里希[16]询问投票者为什么会出现这种选举结果，大部分人将结果归因于候选人的个人特质和地位。当一年后询问另一些投票者同样的问题时，却只有三分之一的人将结果归因于候选人的个人因素。更多的人看重当时的环境因素，例如国家的良好氛围和繁荣的经济。

或者考虑一下这个问题：你通常是安静的，健谈的，还是视情境而定？

通常人们都会说“这取决于情境”。但是，当要求人们描述一位朋友，或是描述他们 5 年前的样子时，人们更倾向于将事情归因于个人特质。当我们回忆自己的过去时，我们就变得和旁观者一样了[17]。对于我们大多数人来说，“过去的你”并不是今天的“真实的你”。我们几乎将过去的自己（以及那个遥远未来的

仔细观察这个人：你是否会推断出这位老师是一个非常健谈的人？

自己）看成是占据了我们身体的其他人。

这些实验指出了归因错误的一个原因：我们在自己关注的地方寻找原因。为了从你自己的经历中看到这一点，请思考一下这个问题：你认为你的社会心理学老师是一个健谈的人还是一个沉默寡言的人？

你可能猜测他（她）是一个相当外向的人。请仔细考虑一下：你的注意可能仅仅聚焦于老师在公众场合中的行为，而这种情境要求老师不停地说话。老师本人所观察到的则是自己在许多不同情境中的行为——在教室、在会议上以及在家中。你的老师也许会说："我很健谈？嗯，那取决于情境。当我上课或者和好朋友在一起时确实会表现得很外向。当我参加会议或者处于一个陌生的情境中时，我会觉得很害羞。"因为我们能够敏锐地意识到自己的行为如何随情境而变化，所以我们眼中的自己比别人眼中的我们更多变[18]。我们会想："奈杰尔很严肃，菲奥娜很放松。我是随情境而变。"

文化差异

文化同样会影响归因错误[19]。持有西方个人主义世界观的人，更可能认为是人本身而不是情境导致了事件的发生。在这种文化下，用内部原因解释人的行为更为社会所赞许[20]。在崇尚积极思维的西方文化中，通俗心理学试图使我们确信"你能做到"，你会得到你应得的，你值得拥有你所得到的。

西方儿童在成长过程中学会用个人特征来解释他人的行为[21]。我的一个儿子在念一年级时，将零散的单词“gate the sleeve caught Tom on his”组合成了“The gate caught Tom on his sleeve”（那扇门夹住了汤姆的袖子）。他的老师从西方文化的视角来看这组单词，于是就认为这句话是错误的。老师给出的“正确”答案把原因锁定在了汤姆身上：“Tom caught his sleeve on the gate”（汤姆把他的袖子夹进门里了）。

基本归因错误存在于不同的文化中[22]。然而，在东亚文化中，在某种程度上人们对情境的重要性比西方人更敏感。因此，当意识到社会背景时，他们不太倾向于假设他人的行为与其内在特质相符[23]。

某些语言鼓励外部归因。“我迟到了”用西班牙俗语可以说成“时钟让我迟到了”。在集体主义文化中，人们较少从个人特质的角度来看待他人[24]。他们不太可能自发地将一个人的行为解释为其内在特质的反映[25]。当谈及某人的行为时，印度的印度教徒不像美国人那样容易做出内在特质的解释（“她是善良的”），而更可能提供情境性解释（“因为她的朋友和她在一起”）[26]。

基本归因错误的影响

基本归因错误影响深远，因为它从根本上影响我们对事物的解释。英国、印度、澳大利亚和美国的研究者都发现，人们的归因倾向可以预测他们对穷人和失业者的态度[27]。那些将贫穷和失业归因为个人特质（“他们就是太懒、不配过上好生活”）的人倾向于站在不同情这些人的政治立场上（图 6-3）。这种特质归因将

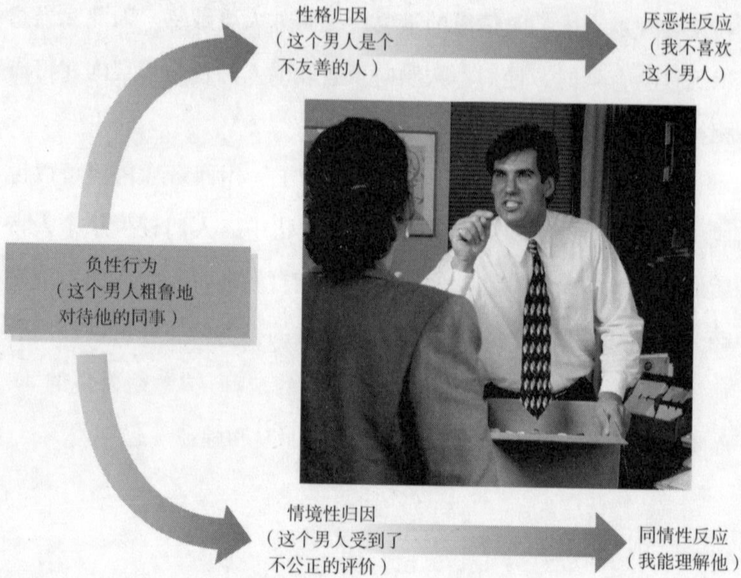

图 6-3　归因和反应。我们对他人负性行为的解释决定了我们对这种负性行为的感受。

行为归结于人们的性格倾向和特质。那些做出情境归因的人（“如果你或我住在同样拥挤的环境中，得不到良好的教育，还经常受到歧视，我们会过得更好吗？”）则倾向于支持为穷人提供更多直接帮助的政治立场。

我们能从意识到归因错误中获益吗？我曾参加过为一个教师职位招聘而进行的几场面试。有一位应聘者同时接受了我们六个人的面试，我们中的每一个人都有机会提两到三个问题。面试结束后我心想：“这个人太呆板、太笨拙了。”第二个应聘者是我单独会见的，我们边喝咖啡边谈。我们很快发现我们有一个共同的好友。随着谈话的进行，我越来越感受到她是一个“热情、有魅力、令人兴奋的人”。后来我才想起了基本归因错误，并且重新评价了我对这两个人的分析。我将第一个人的呆板和第二个人的热情归因于他们各自的性格特点；后来我才发现，事实上，他们的行为差异部分是因为他们所处的面试情境不同。

7

直觉的力量与危害

诺贝尔奖得主丹尼尔·卡尼曼在《思考，快与慢》(*Thinking, Fast and Slow*)[1]一书中指出，人类有两个大脑系统。**系统 1**(sytem 1)在我们的意识之外自动运行（通常被称为“直觉”)，而**系统 2**(sytem 2)需要我们有意识的注意和努力。近期的研究得出了一个重要的结论：系统 1 对我们行为的影响比我们意识到的要大。

什么是直觉的力量呢？它是指不经过推理和分析就迅速了解事情的能力吗？“直觉管理”的拥护者认为，我们应该调到我们的直觉频道——使用系统 1。他们认为评价别人的时候，我们应该借助“右脑”的非逻辑智慧。当我们要聘用或解雇某人，或者进行一项投资时，我们应该倾听我们的预感。在做出判断的过程中，我们应该相信自己内心的力量。

直觉主义者认为不经有意识的分析就可以获得重要的信息，这种观点对吗？怀疑论者则认为，直觉只不过是“我们认为自己是正确的，不论实际上是否正确”，这两种观点哪一种是对的呢？

研究表明，无意识确实控制我们的大部分行为。当交通灯变为红色时，我们在有意识地做出踩刹车的决定之前，便会下意识地做出踩刹车的反应。确实，麦克雷和约翰斯顿[2]认为：“为了能够做成一件事情（例如开车、约会、跳舞），行动的发起必须与效率低下的（即缓慢、序列处理、消耗心理资源）受意识控制的加工过程相分离，否则无所作为将不可避免地占上风。”

直觉的力量

17世纪的哲学家、数学家布莱士·帕斯卡指出：“心灵的活动有其自身的原因，而理性却无法知晓。”三个世纪后，科学家们证实了这一观点是正确的。我们知道的比我们意识到自己知道的要多得多。关于无意识信息加工过程的研究证实，我们对自己头脑中正在发生的事情所知甚少[3]。我们的思维一部分是**自动化的**（automatic; 冲动的、无需努力的和无意识的——系统1），一部分是**受意识控制的**（controlled; 反思性的、深思熟虑的和有意识的——系统2）。自动化的直觉思维不会出现在“屏幕上”，而是发生在我们看不到的屏幕之外，在那些理性无法到达的地方。看看这些自动化思维的例子。

- 图式是自发地引导我们的知觉和解释的心理概念。我们听到某个人在谈论的是*sects*（宗教教派）还是*sex*（性），取决于我们对所听内容的自动解释。
- 情绪反应通常几乎是立即产生的，在我们仔细思考之前就已表现了出来。神经系统有一条捷径，将从眼睛和耳朵那里收集到的信息传送到大脑的感觉交换台（丘脑），并且下传至情绪控制中心（杏仁核），而这些过程都发生在与思维活动有关的皮层以任何形式介入之前[4]。我们的祖先会不自觉地被灌木丛中莫名的声响吓一跳，而实际上里面常常什么也没有。但如果他们哪一次是对的，这个声音确实是危险的捕食者发出的，那么他们就更有可能生存下来并将这种基因传递给后代。
- 如果人们积累了足够多的专业知识，他们就可能凭直觉知道问题的答案。不论是弹钢琴还是打高尔夫，许多技能最初都是有意识的、受到控制的过程，之后会逐渐变为自动化和直觉性的过程[5]。象棋大师凭直觉便可以识别有意义的棋局，而一个新手往往看不出来，因为大师们对于棋局中的线索信息早已烂熟于心，只要看一眼棋盘就知道如何走下一步棋。同理，打电话时我们只需听到第一个词便可以辨别出朋友的声音，尽管我们并不知道自己是如何做到这一点的。

- 人们根据某人极少的信息——哪怕只是瞥一眼照片——做出快速判断（猜测这个人是内向还是外向，是异性恋还是同性恋）的正确率超过了随机水平[6]。

我们对一些事物——事实、名字和过去的经验——的记忆是外显的（有意识的），使用的是系统 2。而对其他一些事物——技能和条件化的倾向——的记忆则是通过系统 1 的内隐记忆，意识无从知晓，我们也不声称自己知晓。我们每个人都是如此，但这一点在那些无法形成新的外显记忆的脑损伤病人身上表现得更明显。有这样一个病人，她一直无法认出自己的医生，医生不得不每天都跟她握手来重新介绍自己。一天，医生的手上粘了一枚针，当医生和她握手时，她痛得跳了起来。当医生下次再来时，她在外显层面上依然无法认出医生，但是她保存了内隐记忆，不愿再和医生握手了。

盲视的例子同样令人惊奇。当人们由于手术或中风失去一部分视皮层时，他们可能会在部分视野内功能性地失明。当在失明的区域内呈现一系列的细棒时，他们会报告说什么也没有看到。而当要他们猜测刚才的细棒是水平呈现还是垂直呈现时，他们的猜测却完全正确。当被告知“你猜对了”后，他们自己也大吃一惊。正如“记得”痛苦的握手的那个病人，他们知道的比自己意识到的要多。

人们认为人具有面孔识别能力是理所当然的。当你注视人脸时，你的大脑首先将视觉信息分割为诸如颜色、深度、运动和形状这样的子维度，并同时对它们进行加工，然后再将这些成分整合起来。最后，你的大脑以自动加工的方式将知觉到的影像与之前储存的影像进行对比。瞧，你迅速且毫不费力地认出了你的祖母。假如直觉是指不经过推理分析就立刻明白某件事的能力，那么知觉过程就是一种最典型的直觉。

所以,许多习惯化的认知功能是在没有觉知的状态下自动地、无意图地发生的。把心理机能想象成一个大公司，可以帮助我们记住自动加工如何帮助我们应对生活中的挑战。首席执行官——受控制的意识——处理最重要、最复杂和最新异的议题，而下级部门处理日常事务和需要立即处理的事情。与首席执行官一样，意识设定目标和优先级，但往往对基础部门的具体运作活动知之甚少。这种资源分配方式使我们能够对许多情况做出快速、有效的反应。总而言之，我们的大脑所知道的比它告诉我们的要多得多。

直觉的局限性

我们已经了解到自动化的直觉思维可以“使我们变聪明”[7]。然而，洛夫特斯和克林格[8]代表那些对直觉智慧持怀疑观点的认知科学家指出：“一个普遍的共识是，无意识可能并不像先前所认为的那样敏锐。”例如，尽管阈下刺激可以激发个体做出微弱的快速反应，即使达不到意识觉知水平也足以产生某种感觉，但并没有任何证据表明，播放阈下录音带能够“重塑你的无意识心理”以帮助你获得成功。实际上，大量的证据表明，这些阈下信息做不到这一点[9]。

社会心理学家不仅探索了我们易于出错的事后判断，还探索了我们产生错觉的能力——对知觉的错误解释、幻想和建构的信念。迈克尔·加扎尼加[10]指出，那些在手术中被切断了连接左右脑的胼胝体的患者会立即虚构出——并且确信——对自身奇怪行为的解释。如果在研究者向这些患者非言语性的右半球发出“走”的指令后，患者起身并走了几步，那么主管言语的左半球会立即向病人提供一个看似合理的解释（“我想要找点儿喝的”）。

错误直觉也出现于人们感知、存储和提取社会信息的过程中。正如知觉研究者试图通过对视错觉现象的探索来揭示出正常的知觉机制一样，社会心理学家试图通过对错觉思维的研究来揭示出我们正常的信息加工过程。这些研究者想要给我们描绘一幅日常社会思维的地图，并清楚地标出可能存在的危险。

当我们考察这些高效的思维模式时，务必记住：对人们如何创造出虚假信念的论证，并不能证明一切信念都是错误的（尽管对虚假信念产生过程的了解有助于我们识别虚假信念）。

我们高估了自己判断的准确性

迄今为止，我们已经了解到我们的认知系统自动且高效地加工了大量信息。但我们的效率是有代价的，当我们解释自己的经历和构建记忆时，我们自动化的系统 1（直觉）有时会出错。我们通常意识不到这些错误——换句话说，我们会表现出**过度自信**（overconfidence）。

卡尼曼和特韦尔斯基[11]向实验的参与者呈现一些事实描述，要求他们补全空白处，例如："我有 98% 的把握确信新德里到北京的空中航线距离要大于____英里但小于____英里。"* 大部分参与者都显得过度自信：在大约 30% 的情况下，正确答案都在他们认为有 98% 的把握的区间之外。

具有讽刺意味的是，*能力不足反而会助长过度自信的倾向*。克鲁格和邓宁[12]指出，对自身能力的认识也是需要能力的，那些在语法、幽默以及逻辑测验中得分最低的学生反而最有可能高估他们在这些方面的才能。那些不知道何谓好的语法和逻辑的人往往也意识不到自己在这方面的欠缺。如果让你写出由"psychology"这个单词所包含的字母组成的所有单词，你可能会自我感觉良好；但是当你的一个朋友提醒你忘记了某个单词时，你就会感觉自己有些愚蠢。卡普托和邓宁[13]在实验中重现了这一现象，证实了我

* 新德里和北京的空中距离是 2500 英里。

DOONESBURY
by Garry Trudeau
听众朋友，你提的这个关于能力的重要性的问题很有趣啊……
能认识到自己知道的事很少就标志着一个人受过教育，这种论调早就是老生常谈了。
这也就是那么多聪明的人都不靠谱的原因。
现在有证据表明，这种关系对于能力而言通常是存在的。没有能力的人并不知道他们自己的缺点。
我认为啊，这一点对于社会智力和情绪智力也是适用的……
我已经发现自恋而粗鄙之人的标志就是他们意识不到自己是这样的人。
你在听这个电话吗？
不，你没有听。我们可以回到我的问题上来吗？

们对自己无知的无知维持着我们的自信。后续的实验发现，“对自身能力不足的无知”易发生在那些看起来相对容易的任务中。在那些明显困难的任务中，表现差的人通常会承认自身能力的不足[14]。

人们善于预测自己的行为吗？为了搞清楚这一点，沃伦等人[15]让大学生在9月份开学时预测自己会不会有一门课不及格，会不会选定专业，或者明年会不会搬到校外住，等等。尽管学生们对自己的预测平均有84%的确信度，但他们实际出错的概率几乎是预期的两倍。即使那些对自己的预测有100%确信度的学生也有15%的次数出错。这种对自身能力不足的无知有助于解释邓宁[16]的员工评价实验所得出的惊人结论：“别人眼中的我们比我们眼中的自己与客观结果的相关度要高。”假如无知会产生虚假的自信，那么我们可能会问：哎呀！我们无法察觉的缺陷到底有哪些？

让人们估计成功完成一项任务的可能性，例如一次重要的考试，当真相显露的时刻离现在比较遥远时，他们的确信度最高。考试当天，失败的可能性越来越大，人们的自信程度通常会下降[17]。这并不是个别现象。

- 股票经纪人的过度自信。投资专家在推销自己的服务时通常带着一种自信的假设，那就是他们能够跑赢股市的平均水平。他们忘记了对每一个股票经纪人和股民来说，在某一价格上喊“卖出”的同时会有另一个声音喊“买入”，而股价正是这种双向信心判断的平衡点。经济学家马尔基尔[18]发现，由投资分析师选出的共同基金投资组合的表现并不比随机选出的股票更好。这似乎令人难以置信。

- 政治上的过度自信。过度自信的决策者可能会带来一场浩劫。自信的阿道夫·希特勒在1939—1945年间对整个欧洲发动了战争。自信的林登·约翰逊在20世纪60年代将武器和士兵投入越南，试图挽救那里的政权。2003年，信心十足的乔治·W. 布什曾断言伊拉克拥有大规模杀伤性武器，但最终

过度自信非常危险。在钻井平台爆炸、原油大量泄入墨西哥湾之前，英国石油公司忽视安全问题。而当漏油事件发生后，该公司仍过度自信，认为仅仅是少量泄漏。

什么也没找到。

- 学生的过度自信。在一项研究中，学生们被要求记住一些心理学术语并把每个术语的定义打出来，然后预测自己在测试中能得到多少分。那些过于自信的学生——预测成绩高于实际成绩的学生——在测试中表现更差，主要是因为他们停止了学习[19]。

人们往往不会去寻找那些不支持自己信念的信息。沃森[20]通过给参与者呈现一个由三个数字组成的序列（如 2，4，6；这些数字符合实验者设定的一个规律）证实了这一点，你也可以试一下（沃森的规律不过是任意三个升序排列的数字）。为了使参与者能够发现这一规律，沃森请每个人生成另外一些三个数字的组合。每一次沃森都会告诉他们数字组合是否符合规律。当人们确信自己已经发现了其中的规律时，就可以停下来公布自己发现的规律。

这会出现什么结果呢？几乎没有人猜对但个个都确信不疑：29 个参与者中有 23 个人发现的规律是错误的。他们一般会形成关于该规律的错误信念（例如，逐个加 2），然后试图寻找确证性的例证（例如，验证 8，10，12），而不去尝试否定自己的直觉。与寻找证据否定自己的信念相比，我们更愿意证实它们。我们把这种现象称作**验证性偏差**（confirmation bias）。

验证性偏差似乎是一种系统 1 的快速判断，此时我们的默认反应是寻找符合我们预先假设的信息。停下来思考一会——调用系统 2——会让我们不太可能犯这个错误。例如，埃尔南德斯和普雷斯顿[21]让大学生阅读一篇支持死刑的文章。那些阅读用标准字体排版的文章的人并没有改变他们的观点。但是，当字体是浅灰色和斜体时，更多的人改变了他们的信念——可能是因为阅读词语时的困难减缓了参与者的思考速度，使他们能够同时考虑两方的观点。另一种认知复杂性（思考相互冲突的目标，如考试的前一晚去参加派对）也使学生不太可能犯验证性偏差[22]。沉思限制了验证。

过度自信的补救措施

我们可以从对过度自信的研究中得到什么启发呢？一个启发是要对别人独断性的陈述保持警惕。即便当人们十分确信自己正确的时候，他们也可能是错的。自信和能力之间没有什么必然一致的关系。

有三种技巧可以成功地减少过度自信的偏差。一种是即时反馈[23]。在日常生活中，气象预报员和那些设定赌马赔率的人每天都会得到清晰的反馈信息。因此，这两个群体中的专家都很擅长估计自己的准确率[24]。

为了降低“计划谬误”中的过度自信，人们可以分解任务——把任务分解成几个部分——并分别估计完成每个部分所需要的时间。科鲁格和伊万斯[25]的报告指出，这样估计出的完成时间会更加现实。

当人们开始思考为什么一个观点可能正确的时候，该观点就开始看起来是正确的了[26]。因此，第三种降低过度自信的方法就是让人们去思考为什么自己的判断可能是错误的，也就是迫使人们去考虑否定自己信念的信息[27]。经理们可以坚持要求所有的提案和建议都必须包含可能无法奏效的原因，以培养更现实的判断。

尽管如此，我们还是应当小心不要破坏人们合理的自信或摧毁他们的决断力。在那些需要人们表现出智慧的时刻，那些缺乏自信的人无法毫不犹豫地说出自己的想法或做出艰难的决定。虽然过度自信会让我们付出代价，但基于现实的自信是有适应意义的。

构建记忆

你是否同意下面这段陈述？

记忆就好比大脑中的一个储物箱，我们将各种材料储存在其中，日后需要时可以取出来。偶尔，有些东西也会从“储物箱”中丢失，那时我们就说我们忘记了。

在一项调查中，大约 85% 的大学生同意这段陈述[28]。正如一则杂志广告中说的那样："科学业已证实，一生中积累的经验可以非常完美地保存在记忆中。"

事实上，心理学研究却得出了相反的结论。我们的记忆并不是我们经验的精确复制品，储存在记忆库中。相反，我们在提取时会构建记忆。就像古生物学家根据化石推断出恐龙的外形那样，我们也是用自身当前的感受和期望将许多不连贯的信息碎片整合起来，重构我们的过去。因此，我们可以轻易地（尽管是无意识地）修正自己的记忆使其更符合我们当前的认识。我的儿子曾抱怨说："我 6 月份的《板球》杂志怎么还没到。"当别人告诉他杂志在哪里时，他高兴地回应道："噢，我就知道我收到了。"

重构我们过去的态度

五年前，你对核能源持什么观点？你是怎么看待你们国家的总统或者首相的？你又是怎么看待你的父母的？如果你的态度改变了，改变的程度有多大呢？

一些研究者研究了上述问题，得出了令人不安的结果。那些态度发生改变的人，常常坚持认为自己一直都是这样想的。卡内基梅隆大学的学生回答了一项很长的调查，其中包括一个学生对大学课程控制的问题。一周之后，这些学生同意写一篇反对学生控制课程的短文。写完之后，他们的态度转变为较为反对学生控制课程。当要求他们回忆在写文章之前自己是如何回答问题的，学生们表示“记得”自己当时的观点和现在是一样的，并否认受到了实验的影响[29]。

在观察到克拉克大学的学生们同样否认了他们先前的态度之后，研究者威克森和莱尔德[30]评论说，学生们改变自己态度的“速度、程度和确定性令人震惊”。乔治·瓦利恩特[31]在对一些成人进行追踪研究之后指出：“毛毛虫化茧成蝶后以为自己小时候是小蝴蝶，这再正常不过了。成长和成熟把我们变成了说谎的人。”

构建积极的记忆的确可以美化我们的回忆。米歇尔和汤普森[32]及其同事指出，人们经常会给回忆蒙上一层玫瑰色——他们把一些琐碎的令人愉快的事件回想得比实际经历的要美好。无论是参加了为期三周的自行车旅行的大学生，还是参加了奥地利旅行团的老年人或正在度假的本科生，都报告说喜欢自己的旅途。但是他们在之后的回忆中，对这段经历的评价变得更高了，对一些不愉快的或者无聊的事情轻描淡写，而将令人高兴的事情留在了脑海中。同样，我旅居苏格兰时的美好时光（回到办公室后我面对的是一堆紧迫的工作和干扰）如今被我美化成了纯粹的快乐。那些毛毛细雨和讨厌的蚊虫在记忆中都已模糊不清，而壮丽的景观、清新的海洋气息和我最爱的茶室却还历历在目。对于任何积极的体验，那些愉快的感觉有的存在于我们的预期里，有的存在于实际经历中，还有一些则留在玫瑰色的回忆里。

麦克法兰和罗斯[33]发现，当我们与他人的关系发生变化时，我们也会修改对他人的记忆。研究者让大学生评价他们的固定伴侣。两个月后，他们再次评价先前的伴侣。那些更加相爱的人倾向于高估自己之前的印象，认为他们是一见钟情；而那些已经分手的人则倾向于低估自己之前的喜欢程度，把自己的前任回忆成自私的或者是脾气不好的。

霍姆伯格和霍姆斯[34]发现了同样的现象。在373对新婚夫妇中，绝大多数人报告说感到非常幸福。当两年之后再次对他们进行调查时，那些婚姻已经变质的人回忆说他们的婚姻一开始就很糟糕。结果是“可怕的”，霍姆伯格和霍姆斯说：“这种偏差会导致一种恶性循环。你当下对伴侣的看法越糟糕，你记忆中的他或她也就越糟糕。这只会更加坚定你的负面态度。”

这并不是说我们对过去的感觉毫无意识，只是当记忆模糊的时候，现在的感受主导了我们的回忆。让寡妇和鳏夫尝试回忆5年前配偶离世时自己的哀伤感受，结果发现他们现在的情绪状态影响了他们的记忆[35]。当病人回忆自己前一天的头疼时，他们现在的感受左右了他们的回忆[36]。

重构我们过去的行为

记忆建构也使我们能够修改自己的历史。滑铁卢大学的学生阅读了一条关于刷牙的好处的信息。之后，在一项据称是另外的实验中，这些学生回忆在上两周内刷牙的次数比那些不知道此条信息的学生要多[37]。同样，据调查，美国人报告的抽烟数量比实际销售的数量要少得多[38]。人们回忆自己投票的数量要比实际记录的投票数量多[39]。

社会心理学家安东尼·格林沃尔德[40]指出，这些结论与乔治·奥威尔在小说《1984》中的表述很相似："必须记住，事情是按照期望的方式发生的。"格林沃尔德认为，我们的确都有一个"独裁的自我"，它修改我们的过去使其符合我们现在的观点。因此，我们会低估不好的行为，并高估好的行为。

有时候，我们认为当下的自我比以往有所提升，在这种情况下，我们在回忆中可能会夸大自己过去与现在的不同之处。这种倾向可以解释一组令人困惑的一致发现：平均来看，那些参加心理治疗以及体重控制、戒烟和锻炼等自我提升项目的人实际上只表现出了些许的改善，但是他们通常报告说有相当大的收益。康韦和罗斯[41]解释了为什么人们在自我提升上花了那么多的时间、精力和金钱之后会这样想："我现在可能是不完美的，但是我在此以前更糟糕，因此这些自我提升项目确实使我受益良多。"

8

非理性的原因

什么物种更配得上智人（*Homo Sapiens*）——聪明的人类——这一名称？我们的认知能力在识别模式、处理语言以及加工抽象信息方面都超过了最智能的计算机。我们的信息加工也非常高效。我们擅长心理捷径，能在如此宝贵的时间内加工大量信息。人类快速而轻易地形成印象、判断和解释的能力让科学家们为之惊叹。在大多数情况下，我们瞬间做出的概括——“那是危险的！”——具有适应意义。这种直觉判断增加了我们生存的机会。

但是，这种适应性的高效率是需要付出代价的，瞬间做出的概括有时会出错。那些有助于我们简化复杂信息的策略可能将我们引向误区。为了提高我们的批判性思维能力，我们首先来考虑四种非理性的原因——也就是人们形成或坚持错误信念的常见方式：

1. 我们的先入之见控制我们的解释；
2. 我们更容易受到奇闻逸事的影响，而忽略统计上的事实；
3. 我们错误地知觉到相关和控制；
4. 我们的信念可以形成自己的结论。

我们的先入之见控制我们的解释

我们的先入之见指导我们如何知觉和解释信息。我们通过信念的有色眼镜去解释这个世界。“当然，先入之见的影响很重要。”人们承认；然而，他们没有充分认识到自己的这种倾向所带来的影响。

沃伦、罗斯和莱珀[1]的实验证明了先入之见到底有多大的影响。他们向支持以色列和支持阿拉伯的学生播放了6段网络新闻，描述在黎巴嫩贝鲁特两所难民营发生的屠杀难民事件。如图8-1所示，每一组被试都认为新闻对己方有敌意。

这种现象很常见：球迷们总是认为裁判偏袒另一方。总统候选人及其拥护者几乎总是认为媒体对他们为之奋斗的事业漠不关心[3]。

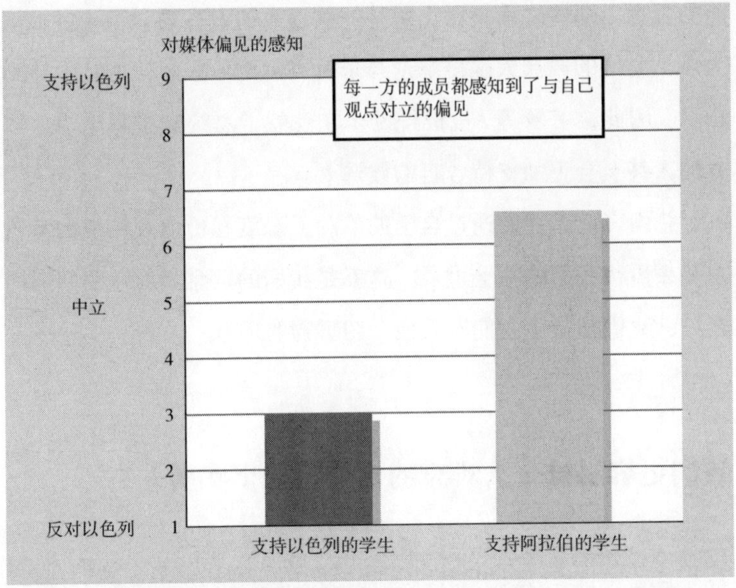

图 8-1 支持以色列的学生和支持阿拉伯的学生在看了网络上描述“贝鲁特大屠杀”的新闻后，都认为这些报道存在与己方的观点对立的偏见。[2]

但这并不仅仅局限于球迷和政客。世界各地的人们都认为媒体和调解人站在对方的立场上。“人们对客观性的看法是最不客观的。”一家媒体的评论员这样说[4]。事实上，人们对偏见的感知可以用来评估他们的态度[5]。只要告诉我你从哪里看到了偏见，我就会知道你的态度。

这是否就是政治、宗教和科学中模糊的信息常常会引发冲突的原因呢？美国总统竞选的电视辩论在很大程度上强化了辩论之前的观点。那些之前就已支持某一候选人的人在观看辩论后，认为自己支持的候选人赢得辩论与未赢得辩论的人数比例几乎达到10:1[6]。因此，芒罗等人[7]报告说，在观看了总统选举辩论后，双方的人甚至会更加支持各自的候选人。

总而言之，我们通过自己的信念、态度和价值观构成的有色眼镜来看待我们的社会世界。这就是我们的信念如此重要的原因之一，它们塑造了我们对其他一切事物的理解。

我们更容易被令人难忘的事件而非事实所左右

考虑一下，伊拉克和坦桑尼亚哪个国家的人口更多？

你的答案可能取决于你更容易想到伊拉克人还是坦桑尼亚人。如果某些例证在我们的记忆中是容易获得的——就像伊拉克人一样——那么我们就会觉得其他类似的例证也很普遍。这种想法通常是对的，所以这种认知规则常常对我们很有用，我们将其称为**易得性启发式**（availability heuristic）。简言之，我们越容易回想起某个事物，它看起来就越有可能。（答案：坦桑尼亚有5 200万人口，大大超过伊拉克的3 600万人。但大部分人对伊拉克人有更鲜活的印象，于是就猜错了。）

但有时这个规则会欺骗我们。假如给人们听一系列女性名人的名字（奥普拉·温弗瑞、席琳·迪翁、希拉里·克林顿），中间夹杂同样数量的男性非名人的名字（唐纳德·斯卡尔、威廉·伍德、梅尔·贾斯珀），那些名人的名字在随后的认知活动中更容易被人们想起，因此，大部分人会回忆说刚才听到了更多女性的名字[8]。同样，媒体对同性恋话题的关注使得同性恋者在认知上更易获得。因此，在2011年的盖洛普民意调查中，美国普通成年人认为同性恋者在美国人口中的比例高达25%[9]——几乎是在调查中实际承认自己是同性恋者或双性恋者的人数的10倍[10]。甚至那些小说、电影和电视中的虚构情节也会给人们留下印象，深深地影响我们随后的判断[11]。

请你按照犯罪率高低对以下四个城市进行排序：亚特兰大、洛杉矶、纽约和圣路易斯。如果根据脑海中浮现的犯罪题材电视剧的画面，你会认为纽约和洛杉矶犯罪最为猖獗；而事实上，这两个城市的犯罪率大概只有亚特兰大和圣路易斯的三分之一[12]。

易得性启发式的运用揭示出社会思维的一条基本规律：人们从一条普遍的公理演绎出一个具体例证的过程是缓慢的，但是，他们从某一个鲜明的例证归纳出普遍公理的过程则是非常迅速的。毫不奇怪，在听到或读完关于强奸、抢劫和殴打的故事之后，十个加拿大人中有九个会高估——通常幅度很大——与暴力有关的犯罪率[13]。同样，南非人在看过一系列关于黑社会抢劫和杀戮的头条新闻之后，估计暴力犯罪在1998年到2004年几乎翻了一番，而实际上犯罪数量大幅下降了[14]。

易得性启发式可以解释为何鲜活的、容易想象的事件，如鲨鱼袭击或症状容易想象的疾病，似乎比难以想象的事件更容易发生[15]。同样，奇闻逸事通常会比统计信息更令人信服。我们为极其罕见的儿童绑架事件焦虑不安，但却懒得给孩子扣安全带。我们害怕恐怖主义，但是对全球气候变化——“缓慢走向世界末日”——却无动于衷。尤其是在2011年的日本海啸和核灾难发生后，我们害怕核动力，却不关心煤炭开采和燃烧所导致的数量更多的死亡[16]。简言之，我们为小概率事件忧心忡忡，却忽略了大概率事件，社会科学家将之称为“概率忽视”现象。

对我们大多数人来说，飞机失事的新闻片段是很容易想起来的记忆，尤其是“9·11”事件之后，因此我们通常认为乘商用飞机旅行要比乘小汽车旅行风险更高。而实际上，从2009年到2011年间，在出行距离相同的情况下，美国的旅行者死于汽车事故的概率是死于飞机失事的170倍[17]。对大多数空中旅行者来说，旅行中最危险的一段便是驾车去往机场的路上。

在“9·11”事件之后不久，随着人们放弃飞机旅行而改为陆路旅行，我估计如果美国人少飞20%，转而驾驶那些没有飞行的里程，在接下来的一年中死于交通事故的人数将多出800人[18]。一个好奇的德国研究者（为什么我没有想到去研究一下？）对照事故数据检验了这一预测，结果发现2001年最后三个月的死亡人数比过去五年最后三个月的平均死亡人数多出了350人[19]。从这点来看，“9·11”事件的恐怖袭击者，以一种令人察觉不到的方式——在美国的公路上——杀死了更多的人，多于他们所袭击的那四架飞机上的 266 名乘客。

至此，很明显，我们天真的统计直觉以及由此产生的恐惧，并不是由计算和理性驱动的，而是由与易得性启发式相谐调的情绪驱动的。在本书出版之后，可能还会有一些不可思议的自然灾害或恐怖事件，而这些事件将会再次激发我们新的恐惧、警戒以及易得性启发式的资源。在媒体的强化下，恐怖主义者将会再次达到他们的目的，引起我们的关注，耗尽我们的资源，使我们的注意力偏离那些日常的、平淡无奇的、潜伏的危险，而随着时间

鲜活、容易记忆的事件（因而具有认知易得性）影响着我们的社会感知。其结果就是“概率性忽视”，它常常导致人们对错误的对象产生恐惧，比如，比起抽烟、开车或者气候变化，人们更害怕坐飞机或恐怖主义。如果每天都有四架载满了孩子的大型喷气式客机坠毁——约等于死于轮状病毒引发的腹泻的孩子的数量——那么人们早就采取措施来解决这个问题了。

Reprinted courtesy of Dave Bohn.

的累积，这些危险能够毁灭大量的生命，比如，轮状病毒（一种肠道传染病）每天夺走的生命相当于 4 架波音 747 飞机满载儿童的数量[20]。但是另一方面，引人注目的事件也可以使我们警惕真正的风险。一些科学家称，极端天气事件对我们的提醒正是如此。它提醒我们，全球变暖通过引发海平面升高和酿成极端天气，注定将成为大自然自身的大规模杀伤性武器。在澳大利亚和美国，偶尔的一个大热天就会让人们更加相信全球变暖[21]。即使在室内感觉到热，也会让人们更加确信全球正在变暖[22]。

我们错误地知觉到相关和控制

另一种影响我们日常生活的思维方式是我们试图在随机事件中寻找规律，这种倾向会令我们误入歧途。

错觉性相关

人们很容易在没有相关的地方看到相关。当我们期待发现某种重要的联系时，我们很容易将各个随机事件联系起来，从而知觉到一种**错觉性相关**（illusory correlation）。沃德和詹金斯[23]向人们报告了一项假想的 50 天人工降雨试验的结果。他们告诉实验参与者在这 50 天中的哪几天实施了人工降雨，哪几天下了雨。

参与者收到的信息实际上只是一堆混合的随机信息，有时人工降雨之后下了雨，而有时并没有下。尽管如此，人们仍然确信——与他们对于人工降雨效应的观点相一致——他们确实在人工降雨和下雨之间发现了相关。

另一些实验也证实了这种错觉性相关现象：人们很容易将随机事件知觉为对自己信念的证实[24]。假如我们相信事件之间存在相关，那么我们更可能注意并回忆出某些支持性的例子。假如我们相信前兆与事件本身有联系，我们就会有意注意并记住前兆和之后发生的一些事件。假如我们相信超重的女人比较不快乐，那么我们就会觉得自己看到了这样的相关，即使我们事实上并没有看到[25]。我们总是忽视或忘记不寻常事件未同时发生的时候。假如在我们想起某个朋友之后，恰好他打来电话，我们就会注意并记住这个巧合。我们并不会注意，在绝大多数时候，当我们想起某个朋友时，他并没有打来电话，或者当我们未曾想起某个朋友时，他却打来了电话。

控制错觉

将随机事件知觉为有联系的倾向往往容易产生一种**控制错觉**（illusion of control）——认为各种随机事件受我们的影响。这会驱使赌徒不断下赌注，也令我们其余的人去干各种不可能之事。

家庭喜乐会（The Family Circus）　　比尔·基恩

“我希望他们不要经常把安全带指示灯打开！
每次他们打开那个灯，座位就一颠一颠的。”

赌　博

当要求彩民出售手里的彩票时，与那些由别人分配彩票号码的彩民相比，自己选号的彩民要价是前者的四倍。玩机遇游戏时，与面对一个精明而自信的对手时相比，人们在面对一个笨拙而紧张的对手时下注要多得多[26]。成为掷骰子的人或转动轮盘的人，会增加人们押注的信心[27]。通过上述方法以及其他方法，研究者在数十项实验中一致发现，人们表现得好像他们能够预测并控制随机事件[28]。

对现实生活中赌徒的观察验证了这些实验的发现[29]。掷骰子的人希望掷出小点时，出手相对轻柔，而希望掷出大点时，则出手较重[30]。赌博业正是依靠赌徒们的错觉而兴盛起来的。赌徒一旦赢了就归因于自己的技术或预见力。如果输了就是“差一点就成了”或者“真倒霉”；对赌球者来说，也可能是由于裁判的一个错判或者球的一次奇怪反弹[31]。

股票交易者同样喜欢由自己选择和控制股票交易而带来的“权力感”，就好像他们的控制能使他们赚得比市场的平均收益还要多。一个广告宣称网上投资“就是关乎控制”。唉，**控制错觉**（illusion of control）使得人们过度自信，从而导致很多股票投资在扣除交易成本后变为损失[32]。

我们都喜欢控制感，因此当我们觉得失去控制感时，会设法创造某种可预测感。在实验中，失去控制感导致人们对股市信息产生相关错觉，知觉到并不存在的阴谋，还变得迷信[33]。

趋均数回归

特韦尔斯基和卡尼曼[34]指出了另一种可能产生控制错觉的方式：我们没有认识到**趋均数回归**（regression toward the average）这一统计学现象。由于测验分数在一定程度上会随机波动，所以大多数上一次考试得分很高的人下一次的考试分数将下降。如果他们第一次的分数达到了最高值，那么第二次的分数就更可能下降（“回归”），趋向其均值而不是继续将最高值推向更高。这就是为什么平时成绩也很出色但从没考过第一的学生，有时候会在课程结束时在班上名列第一。反过来讲，在第一次考试中得分最低的学生很有可能在以后的考试中提高成绩。如果那些得分最低的学生在第一次考试后去老师那里寻求帮助，当其成绩提高时，即使老师的辅导实际上没有起到作用，老师也会认为自己的辅导是有效的。

事实上，当事情处于低谷时，我们会尝试任何行为，而无论我们尝试什么——去看心理治疗师，开始一个新的节食和锻炼计

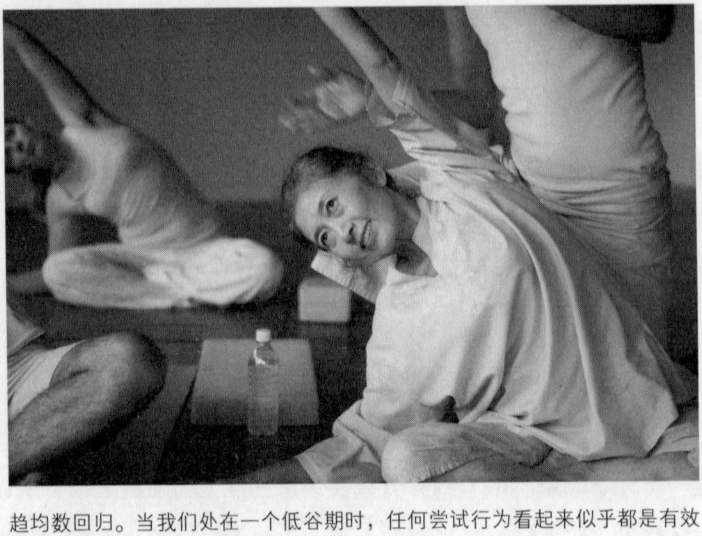

趋均数回归。当我们处在一个低谷期时，任何尝试行为看起来似乎都是有效的。“也许上一节瑜伽课就可以提高我的生活质量。”事情很少会持续地处于异常的低谷期。

划，阅读一本自助书——随后情况都更有可能得到改善而非进一步恶化。有时我们会认识到事情不会持续停留在某一个极好或极坏的点上（当我们的状态极好或极差时，我们往往会回落到正常的平均水平）。

我们的信念可以产生证明自己的证据

我们的直觉信念抗拒现实的另一个原因是：有时直觉信念会引导我们按照能证明该信念的方式去行动。因此，我们关于他人的信念可能变成**自我实现的预言**（self-fulfilling prophecies）。

罗伯特·罗森塔尔[35]在其著名的关于实验者偏见的研究中发现，实验参与者会按照他们认为的实验者想要的结果来行动。在一项研究中，研究者要求参与者判断不同照片中的人们成功与否。研究者给所有参与者读相同的指导语，并给他们看同样的照片。尽管如此，相比那些期望参与者把照片中的人视为失败者的研究者，期望参与者做出较高评价的研究者获得的评价更高。更令人吃惊且富有争议的是，报告指出教师对学生的信念会产生类似的自我实现的预言。如果教师相信一个学生数学好，该学生在数学课上的表现真的会好吗？让我们来验证一下吧。

教师的期望会影响学生的表现吗

教师对一部分学生的期望确实比对其他学生更高。如果你有哥哥姐姐在你之前上了这所学校，如果你被贴上了诸如“很有天赋”或“学习能力不足”这样的标签，或者被分到了“尖子班”，那么你可能已经意识到了这一点。或许老师们在办公室的闲聊在你入校之前就让你声名远扬，抑或你的新老师仔细翻阅了你的学籍档案或发现了你家的社会地位。

这种期望的影响到底有多大？根据罗森塔尔的报告，在近500篇已经发表的研究报告中，只有40%的研究显示老师的期望会显著地影响学生的成绩[36]。低期望不会毁掉一个有能力的儿童，高期望也不会奇迹般地将一个差生变成在毕业典礼上发言的优秀毕业生代表。人的本性不是那么容易改变的。

然而，高期望似乎确实能够激励低成就者，对他们来说，教师的积极态度可能是一股带来希望的清新空气[37]。这些期望是如何传达的呢？罗森塔尔和其他研究者指出，老师对那些“潜力较高的学生”给予更多的注视、微笑和点头。老师也有可能花更多的时间教导这些有天赋的学生，给他们设定更高的目标，更多地点他们的名，并给他们更多的时间来回答问题[38]。

学生的期望对老师又会产生什么效应呢？毫无疑问，在课程开始之前你就已经听说了“史密斯教授很有趣”和“约翰教授是一个乏味的人”。费尔德曼等人发现[39]，这样的期望对学生和老师都有影响。与对老师期望较低的学生相比，那些对教自己的老师抱有高期望（老师意识不到）的学生觉得老师更有能力和更有趣。而且，这些学生实际上学到的东西也更多。在之后的另一项实验中，那些被错误地告知自己的男教员是性别歧视者的女士，对男教员的好感度较低，她们的表现也较差。她们对这些教员能力的评价也低于那些没有这种负面预期的女士[40]。

这些结果完全是由于学生的看法，还是也由于老师也受到了自我实现预言的影响呢？在后续的实验中，费尔德曼和普罗哈斯卡[41]录制了一些老师的录像并让观看者评价他们的表现。当给某个老师指派的学生通过非言语的方式传达出积极的期望时，该老师被评价为最有能力。

为了看看在真实的课堂上是否也存在这种效应，一个由戴维·贾米森[42]领导的研究小组对加拿大安大略省的四个高中班进行了实验研究，这四个班的一门课程是由一位新调来的老师来讲授的。在个人访谈中，他们告诉其中两个班的学生，其他所有学生和研究者对这位新老师的评价都很高。研究发现，与对照班级相比，被给予更高期望的学生在上课时更专心。在学期末，他们也获得了更好的成绩，并评价老师的讲课更清晰。班上的学生对老师的态度似乎和老师对学生的态度同样重要。

我们从他人那里得到了我们所期望的吗

虽然研究者和教师的期望通常是相当准确的，但这种期望偶尔也会成为自我实现的预言。这种效应有多普遍呢？我们从别人那里得到了我们所期望的吗？研究表明，我们对他人的看法大多是准确的而不是有偏见的[43]。自我实现的预言“并没有非同寻常的力量”，但有时自我实现的预言确实在起作用，如在工作情境中（拥有期望较高或较低的经理）、法庭上（当法官指导陪审团时）和模拟的警务情境中（当有着有罪或无罪期望的审讯者审问嫌疑人或向其施压时）[44]。被父母怀疑吸过大麻的青少年（尽管他们没有吸过），随后更有可能去尝试[45]。

自我实现的预言会影响我们的人际关系吗？有时候，对某人的消极期望会让我们对其表现得格外友好，这引起了他们的善意回应，从而否定了我们的期望。但在社会互动研究中一个更为普遍的发现是：是的，我们确实可以在某种程度上获得我们期望的结果[46]。

在实验游戏中，敌意几乎总是招致敌意：如果人们认为对手不会合作，那么对手的回应往往就是不合作[47]。如果一方将另一方视为好斗的、充满怨恨的和报复心强的，会导致对方表现出自我防御的行为，从而形成一种自我延续的恶性循环。同样地，某人预期她的伴侣心情糟糕还是充满爱意，会影响她与伴侣的关系，进而促使伴侣验证她的信念。

行为确证：当参与者觉得对方很有吸引力，但假定对方并不喜欢自己时，他们就会表现冷漠以避免被拒，同时判定对方的冷漠证实了自己之前的假设。达努·史汀生及其同事提出，这种“对热情的自我保护性抑制”会毁掉一些可能建立的关系。

那么，当伴侣将对方理想化时，亲密关系更容易维持吗？对伴侣品质的积极错觉会导致其自我实现，还是会因为一次次地制造无法实现的期望而造成自我挫败？桑德拉·默里等人[48]对滑铁卢大学的情侣进行了追踪研究，发现对伴侣持有积极的想法是好的预兆。理想化有助于缓和冲突，提高满意度，将自我感觉的青蛙变为王子和公主。当有人爱我们并崇拜我们时，它有助于我们成为其想象中的那个人。

当约会中的情侣处理冲突时，充满希望的乐天派和他们的伴侣倾向于认为双方都在做建设性的努力。与那些期望更为悲观的人相比，他们会感到更多的相互支持，对冲突处理结果的满意度也更高[49]。夫妻之间也是如此，那些担心伴侣不爱自己和不接受自己的人将微小的伤害解释为拒绝，这导致他们贬损并疏远伴侣。那些对伴侣的爱和接受抱有信心的人表现出较少的自我防御，不过分解读应激事件，对伴侣更好[50]。爱的确有助于创造出它所假想的现实。

马克·斯奈德[51]在明尼苏达大学进行的一系列实验揭示，错误的社会信念一旦形成，就可能引发他人去证实这些信念，这种现象被称为**行为确证**（behavioral confirmation）。例如，男学生与他们认为（通过看照片）有吸引力或没有吸引力的女性通电话。与被假想为无吸引力的女性相比，被假想为有吸引力的女性与男学生交谈时要热情得多。男性的错误信念变成了一种自我实现的预言，因为这些信念引导他们的行为方式，从而影响女性去证实男性的刻板印象，即美丽的人是令人向往的[52]。

期望也会影响儿童的行为。在观察了三个教室的垃圾量之后，理查德·米勒等人[53]让老师和其他人反复告诉某个班的学生应该保持教室整洁。这一做法使放入废纸篓的垃圾量增加了15%~45%，但这只是暂时的。另一个班级之前同样也只将15%的垃圾放进了废纸篓，却因为如此整洁而屡受赞扬。连续表扬8天，又过了两周后，这些儿童将80%的垃圾放进了废纸篓，实现了老师对他们的期望。告诉孩子们他们刻苦努力且真诚善良（而不是懒惰和自私），他们可能真的会达到这样的期望。把同一性与自我联系起来很重要：被要求担任“帮手”的孩子比被要求“帮忙”的孩子更有可能在以后的任务中提供帮助[54]。当孩子们认为自己整洁、乐于助人时，他们就会变得整洁和乐于助人。

总之，这些实验有助于我们理解社会信念——例如对残疾人、某一种族或某一性取向的人的刻板印象——可能如何进行自我验证。别人怎样对待我们可以反映出我们和其他人怎样对待过他们。

结 语

我们已经回顾了人们有时会形成错误信念的原因。我们很难对这些实验置若罔闻：其中的大部分参与者来自高智商人群，通常是顶尖大学的学生。此外，人们的智力水平和他们是否容易产生各种思维偏差无关[55]。一个人可以非常聪明，但做起决定来可能表现得很糟糕。

努力思考也不能消除思维上的偏差。即使用报酬来奖励正确的答案，从而激励参与者以最佳方式思考，这些可预测的偏差和扭曲仍然会出现。正如一位研究者所总结的，这类错觉“具有持久性，与知觉错觉并无不同”[56]。

因此，社会认知心理学的研究反映了文学、哲学和宗教等领域对人性褒贬不一的评价。许多心理学研究者花费毕生的心血去探索人类心理不可思议的力量。我们足够聪明，破解了自身的遗传密码，发明了可以与人对话的电脑，还将人类送上了月球。让我们为人类的理性欢呼三次吧。

不过，等一等，我们只能欢呼两次。因为心智对高效判断的高度重视，我们的直觉比预想中更容易出错。我们相当容易形成和保持错误信念。我们容易受先入之见的引导，过度自信，被鲜活的逸事所说服，甚至知觉到可能不存在的相关和控制，我们建构起自己的社会信念并进而影响他人去验证它们。正如小说家马德琳·恩格尔所言："未经训练的智力是一种极不准确的工具。"

9

行为与信念

是先有信念，还是先有行为？是内在的态度先行，抑或外在的行为先行？是品格在先，还是行动在先？我们是谁（内在的）和我们做什么（外在的），这两者间的关系如何？

对这种“先有鸡还是先有蛋”的问题存在不一致的观点。美国作家拉尔夫·沃尔多·爱默生[1]写道：“思想是一切行动之源。”与之相反，同时代的英国前首相本杰明·迪斯雷利却说：“思想是行动之子。”大多数人都同意爱默生的看法。我们在讲课、演说和做咨询时，通常假设个体内在的信念决定外在的公开行为：如果我们想改变人们的行为，就需要改变他们的心灵和思想。

态度影响行为吗

态度（attitudes）是影响我们行为的信念和情感。如果我们认为某人对我们构成了威胁，我们就会觉得不喜欢这个人，并因此对其做出不友善的行为反应。20 世纪四五十年代的社会心理学家们，想当然地以为态度指导行为，于是着力研究影响态度的各种因素。因此，当 20 世纪 60 年代的多项研究一再发现，人们的思想和情感对其行为只有微不足道的影响时，他们对此无不感到震惊[2]。在这些研究中，学生对待舞弊的态度与他们实际舞弊的可能性几乎没有什么联系。人们对教会的态度与他们礼拜日是否常去教堂只有很小的关联。人们自我描述的种族态度几乎无法预测他们与其他种族实际交流时的行为。由此看来，人们是“行不顾言”的。

这一发现在 20 世纪七八十年代激发了大量的研究。这些研究揭示，我们的态度确实会影响我们的行为，特别是在满足下面三种条件的情况下。

1. 当外在因素对我们的行为影响很小时。有时，我们通过调整我们的态度报告来取悦我们的听众。美国国会的一个例子可以生动地反映这一点。在一次非正式的投票中，国会以压倒性多数通过了给自己加薪的提案，而在稍后的公开投票中，又压倒性地驳回了这一提案。在某些情况下，社会压力会腐化我们的行为（例如，在社会压力下，大好人有时也会伤害他们并不讨厌的人）。当外部压力没有模糊态度和行为之间的关联时，我们就更能看清两者之间的联系。

2. 当针对行为的态度比较具体时。人们很容易在声称诚实的同时谎报税表，在珍惜环境的同时又不配合垃圾回收，或者一边宣扬健康一边又烟不离手，也不参加体育锻炼。然而，他们对慢跑的特定态度，能较好预测他们是否会慢跑[3]；对垃圾回收的态度能预测个体是否会配合垃圾回收[4]；对避孕的态度也能预测他们是否会采取避孕措施[5]。
3. 当我们意识到自己的态度时。当我们按照习惯行事或者随波逐流时，态度并没有起到相应的作用。要让我们的态度指导我们的行为，我们就必须停下来想一想我们的态度到底是什么。因此，当我们具有自我意识时（也许是照过镜子之后，或者想起自己的感受之后），我们更容易遵循自己的信念行事[6]。同样，从重要的生活经历中产生的态度，更容易被想起，进而也更容易体现在行动中。

由此可见，如果其他的影响很小，如果针对行为的态度比较具体，而且，如果态度强大有力（或许是因为我们出于什么原因想起了这个态度），那么，态度就会影响我们的行为。在这些条件下，我们会坚持自己的信念。

行为影响态度吗

我们是否也会逐渐相信我们所坚持的事情呢？的确如此。社会心理学的一个重要发现就是：可能不仅思维决定我们的行为方式，行为也会决定我们的思维方式。很多证据都表明：态度依从行为。

角色扮演

角色（role）一词来源于戏剧，正如在戏剧中一样，它指的是那些处于特定社会位置的人被期望表现出的行为。当我们扮演一种新的社会角色时，起初我们可能觉得做作，但渐渐地我们就会适应。

想想你刚进入一种新角色的时候，也许是你第一天上班或上大学。比如在你进入大学后的第一周，你也许会对新的社会情境非常敏感，努力表现得成熟些，避免做出高中时的一些行为。此时此刻，你或许感受到了有一种强烈的自我意识。你会观察自己新的言语和行为方式，因为这对你来说是不自然的。但某天我们会惊奇地发现，我们对自己装腔作势的说话方式也已经习以为常了。这种角色就像我们的旧牛仔裤和 T 恤一样，已经与我们十分匹配了。

在一项著名而富有争议的研究中，大学生志愿者要在斯坦福大学心理系大楼地下室的模拟监狱里度过一段时间，该实验由菲利普·津巴多教授设计并主持[7]。津巴多想知道，监狱的残酷到底是邪恶的囚犯和恶毒的狱警所为，还是狱警和囚犯这种制度性的角色使得即便富有同情心的人也变得冷酷和怨恨。是人使这个地方变得暴力了，还是这个地方使人变得暴力了？

津巴多用抛硬币的方式，指派一部分学生充当狱警。他给这些学生分发制服，配备警棍和哨子，并且指示他们按规定行事。另一部分学生则扮作犯人，他们穿着让人感到耻辱的囚服，并被关进单人牢房里。在经过一天愉快的角色扮演之后，狱警和犯人甚至研究者都进入了情境。狱警开始贬低犯人，有人还设计了残酷而有辱人格的规则。犯人崩溃、造反，或者变得冷漠。津巴多[8]报告说："人们越来越分不清现实和幻觉、扮演的角色和自己的身份……这个我们创造出来的监狱……正在同化我们，使我们成为它的傀儡。"在发现开始出现一些社会病理学症状后，津巴多不得不在第六天结束了这项本来计划为期两周的实验。

评论者质疑津巴多的观察结果的自发性和可靠性[9]。关键问题并不在于我们无力抵抗强加给我们的角色。在津巴多的模拟监狱中，在阿布格莱布监狱（美国狱警侮辱伊拉克战犯）以及其他产生暴行的情境中，有的人变成了虐待狂，而另一些人却没有[10]。

盐溶于水，沙却不会。正如约翰逊[11]所指出的，如果被置入一个烂苹果箩筐里，有的人会变成"烂苹果"，有些人则不会。

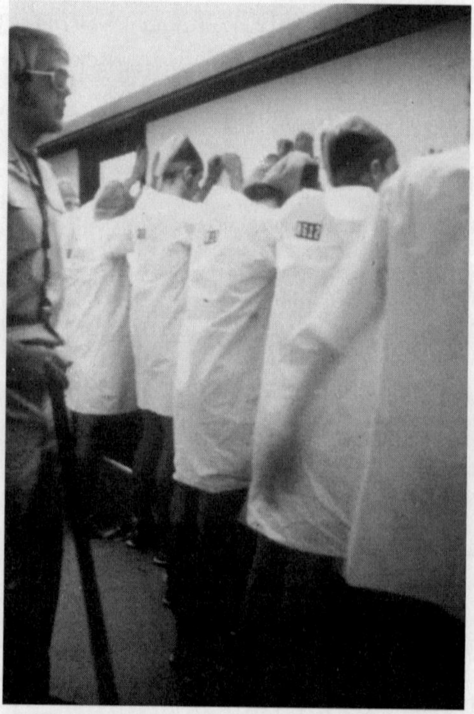

斯坦福监狱模拟实验中的狱卒和囚犯很快就进入了自己的角色。

行为是个人和情境的共同产物，监狱研究吸引来的志愿者，也许正是那些具有潜在攻击性的人[12]。

角色扮演研究带来的启示不是我们有时会成为毫无主动性的角色机器，而是虚幻的事物（一个假想的角色）如何微妙地转化为现实的议题。在从事一个新的职业时，比如教师、军人或商人，我们扮演的角色会塑造我们的态度。在一项研究中，军事训练让德国男人的性格变得刚强，即使在离开军队 5 年后，他们的宜人性仍然显著地低于对照组[13]。在一项针对美国青少年的全国性研究中，在持续扮演“崇尚冒险”的电子游戏中的角色后，这些青少年在现实生活中的危险和越轨行为也随之增多[14]。这给了我们一个重要的启示：一旦我们像周围的人一样行事，我们就会对以

在伊拉克虐囚事件发生后，菲利普·津巴多[15]指出：“可悲的是，该行为与斯坦福监狱实验里‘狱警’的行为有直接的相似之处。”他认为，这种行为可以归因于一种会使好人变成坏人的有害环境。“不是我们把坏苹果放进了好筐里，而是把好苹果放进了坏筐里，这种坏筐能腐化碰到它的任何东西。”

Courtesy of Washington Post/Getty Images News/Getty Images

前的自己稍作改变，变得更像他们。

言语会变成信念

人们经常通过调整自己的措辞来取悦听众。他们告知人们好消息要比告知坏消息快得多，并且会根据听众的观点来调整要说的内容[16]。当让人们口头或书面支持他们所怀疑的事情时，他们常常会为自己的欺骗行为感到不安。不过，渐渐地，他们开始相

“天啊！他竟然给蓝领阶层做面向白领投票者的演讲。”

言语变成信念：在对他人表达自己的想法时，我们有时会调整自己的措辞，说对方想听的话，而后我们会相信自己说的都是真的。

信自己所说的话（假定他们不是被贿赂或被迫这样做）。如果一个人的言语不存在令人信服的外在解释，那么言语就会变成信念[17]。

托里·希金斯及其同事[18]阐释了言语是如何变成信念的。他让一些大学生阅读有关某人的人格描述，然后对另一个人总结陈词该描述，据信，这个听者或喜欢或不喜欢那人。当得知听者喜欢那人时，这些学生会写出更积极的描述。说过一堆好话后，他们也比原来更喜欢那人了。让他们回忆自己读过的内容，他们会记起比实际更多的积极描述。简而言之，我们似乎倾向于根据听者来调整我们的讲话内容，这样做后，继而也会对这些改变了的信息信以为真。

恶行与态度

态度依从行为的原则也适用于不道德的行为。邪恶有时会来自逐步升级的承诺。一个微不足道的恶行会侵蚀人的道德敏感性，使其更容易做出更恶的行为。套用拉罗什富科[19]在《道德箴言录》里的话，要找到一个只屈从于诱惑一次的人，比找到一个从未屈从于诱惑的人更难。当你撒了一个小谎之后会想："嗯，这也没什么大不了的。"或许你会继续撒更大的谎。

恶行也会在其他方面改变我们。我们不仅会伤害那些我们不喜欢的人，同时也会不喜欢那些我们伤害过的人。一些研究发现，伤害无辜的受害者，比如恶语相加或实施电击，通常会导致攻击者去贬损这些受害者，以此合理化他们的残酷行为[20]。当人们是被诱导而非被迫去做某事时尤其如此，因为他们感到需要为自己的行为负责。

在战争时期，这种态度依从行为的现象比较普遍。战俘集中营的守卫刚开始工作时，有时还是会对俘虏彬彬有礼。那些执行杀人命令的士兵，最初可能对自己这样的行为也会感到反感甚至恶心，但这种感觉不会持久[21]。最终，他们会给他们的敌人起绰号，对他们进行人格侮辱。人们往往把宠物人性化，而把敌人非人化。

在和平年代，态度也会依从行为。一个奴役别人的群体，很可能认为受奴役者的一些特质让他们活该被压迫。参与执行死刑的监狱工作人员比其他监狱工作者更相信受害者是罪有应得，从而实现“道德推脱”[22]。行为和态度相互助长、相互依从，有时会达到道德麻木的程度。人们越是伤害他人并同时调整自己的态度，他们就越易做出伤害行为。于是，良心就被腐蚀了，渐渐泯灭。

为了模拟“杀招致杀”的过程，安迪·马腾斯和他的同事[23]要求亚利桑那大学的学生去杀死一些虫子。他们想知道，在练习阶段，杀死一些虫子会不会使学生随后想要杀死更多的虫子呢？为了找到答案，他们让一部分学生先看装在容器里的一只小虫，然后把它扔进磨咖啡的机器（如图 9-1），按下按钮 3 秒钟。（实际上没有虫子被杀，管子底部有个隐藏的塞子，可以防止虫子掉

图 9–1 杀招致杀。认为自己杀了好几只虫子（把它们扔进这个杀虫机器）的学生，之后会杀死更多的虫子（实际上没有虫子受到伤害）。

Courtesy of Andy Martens, University of Canterbury

入粉碎机里，只是用碎纸声音来模拟杀虫子的声音。）与只“杀死”1只虫子的学生相比，在练习中“杀死”5只虫子的学生，在接下来的20秒时间里“杀死”了更多的虫子。

邪恶行为会塑造自我，好在道德行为也会塑造自我。当我们认为没有旁人在场时，我们的所作所为反映出的就是我们的品格。研究者给儿童提供一些诱惑，并使其相信周围没人看得见，以此来测试他们的品格。请想象一下，当儿童抗拒诱惑时会发生什么。在一项戏剧性的实验中，乔纳森·弗里德曼[24]向小学生介绍一个非常吸引人的电动机器人玩具，并告诉他们，他离开后不许玩那个玩具。弗里德曼对其中一半孩子给予的是严厉的威胁，而对另一半孩子则是温和的告诫。这两种方法都有效地制止了孩子。

几周后，另一个与先前的实验无明显关系的研究者，让每个孩子在相同的房间中玩相同的玩具。在先前受到严厉威胁的孩子中，现在有 3/4 的孩子自由地与机器人玩耍；而先前受到温和告诫的孩子中，现在只有 1/3 的孩子跟机器人玩。显然，温和的制止已经足以引出研究者想要的行为，同时这种温和的告诫也足以让孩子们体会到选择的感觉。由于之前有意识地选择不玩这个玩具，受到温和告诫的孩子们内化了他们的决定。道德行为影响道德思维，特别是当可选择而不是被强迫时尤为如此。

此外，对他人的积极行为会增强对此人的好感。给研究者或其他参与者帮个忙，或者辅导某个学生，通常会增强对受助者的好感[25]。那些为恋人祈祷的人（即使只是在有控制的实验中），之后确实对恋人表现出更多的承诺和忠诚[26]。所以需谨记：如果你想更爱一个人，就要表现得好像你已经做到了。

1793 年，本杰明·富兰克林探讨了为他人提供帮助会增强对其好感的观点。作为宾夕法尼亚州议会的秘书，富兰克林为另一个重要议员的反对而困扰，于是他想要把他拉拢过来：

> 我并不……打算通过卑躬屈膝地向他表示尊敬来博得好感，而是在一段时间后采取另一种方式。我听说他的藏书阁里有一本非常稀罕的书，于是我给他写了封信，表达了我渴望读到那本书的热切心情，并请求他将书借我读几天。他马上就寄给了我，而我在一周之内如期归还，同时也表达了我深深的谢意。当我们再次在议会厅碰面时，他主动和我打招呼（这之前从未有过），显得格外彬彬有礼。随后他甚至说，他愿意在任何情况下帮助我。就这样我们成了好朋友，我们的友谊一直持续到他去世。[27]

种族间的行为和种族态度

如果道德行为助长道德态度，那么种族间的积极交流会减少种族歧视吗——就像强制使用安全带会促使人们赞成使用安全带那样？这是美国最高法院 1954 年决定废除种族隔离制学校时，社会科学家们的一部分证词。他们的论点如下：如果我们要等待人心改变——通过宣扬和教育——我们可能还要为种族平等等上很长一段时间。但是，如果我们将道德行为立法，那么我们就能在目前的情况下间接地影响人们的态度。

这种观点与“你无法为道德立法”的假设相冲突。然而，正如社会心理学家所预测的那样，人们的态度随着种族隔离制度的废除而发生了改变。请思考下面一些发现。

- 最高法院做出决定之后，美国白人对种族混合学校的支持率迅速上升，现在几乎人人都支持这项决定。
- 在 1964 年的《人权法案》颁布后的 10 年里，美国白人中报告说自己的邻居、朋友、同事或同学全是白人的比率各下降了约 20%。种族间的交流行为持续增加。与此同时，美国白人中认为黑人应该有自由居住权的比率也由 65% 提高到 87%[28]。态度也正在发生改变。
- 对反歧视采取统一的国家标准后，不同宗教信仰、不同阶层和不同区域人的种族态度差异显著减少了[29]。随着美国人的行动越来越一致，他们的态度也越来越一致。

洗 脑

许多人认为最强有力的社会教化来自于“洗脑”（brainwashing）。虽然“思想控制”程序并不像“洗脑”一词所暗示的那样不可抗拒，但结果仍然令人不安。

心理学家对许多战俘进行了访谈，并报告说，俘虏者所使用的方法之一是逐步升级要求。总是从一些很小的要求开始，然后逐渐提出一些更大的要求。“当一个战俘一旦被训练说出或写出一件细枝末节的小事之后，紧接着就会被要求说出更重要的事情。”而且，战俘们通常被要求主动参与，无论是抄写东西还是

低价法策略

The Born Loser © Newspaper Enterprise Association.

小组讨论，写自我批评还是公开承认错误。一旦说出或写出一份陈述，他们就会感到有一种内在的需要，即自己的信念与行为要保持一致。这通常能促使战俘们悔悟到自己之前做过错事。这种“小处着手，逐步升级”的策略是“登门槛效应”的有效运用，如今仍见其应用于恐怖分子和虐待狂的社会化过程之中。

社会行为对其种族态度的这种影响表明，将同样的思想运用于大规模的政治社会化过程是可能的。对 20 世纪 30 年代的许多德国人来说，参加纳粹集会、身披纳粹旗帜，尤其是公开行纳粹礼，致使其行为和信念之间产生了不协调。历史学家理查德·格伦伯格[30]报告说，对那些怀疑希特勒的人来说，“那种‘德意志礼’似乎具有一种魔力，一旦决定将其作为一种外在的顺从标志，许多人便会体验到……自己的言语和情感之间的那种矛盾所带来的不适。由于禁止发表自己的言论，他们便有意识地强迫自己相信自己说的那些违心的话，试图以此建立精神上的平衡”（p. 27）。

通过对角色扮演、道德和不道德行为、种族间行为以及洗脑的影响的观察，我们从中得到一个重要的实践启示：如果我们想在某些重要的方面改变自己，最好不要等待什么顿悟或灵光闪现。有时候我们需要的是行动，诸如开始写点东西、打些电话或去拜见某人，即使我们不太喜欢这样做。为了强化我们的信念，不妨先去实践这些信念。从这种意义上来说，信仰如同爱情：如果我们将信仰深藏于心，它就会枯萎消亡；如果我们将信仰付诸行动，它就会茁壮成长。

在继续阅读下面的内容之前，我让你来当一回理论家。先问一问你自己：在这些研究和现实生活的例子中，为什么态度会依从行为？为什么扮演某种角色或做一次演讲会影响我们的态度？

为什么我们的行为会影响我们的态度

社会心理学家一致认为，我们的行动影响我们的态度，有时候它能够化敌为友，把俘虏变成合作者，将质疑者变成信徒。社会心理学家争议的是，为什么行为会影响态度？

一种观点认为，为了留下好印象，可能人们只是表达看似与其行为一致的态度。让我们诚实地面对自己吧。我们确实很关心外表，不然我们为何花这么多精力在服饰、化妆品或控制体重上呢？为了管理我们精心营造的形象，我们有时会调整自己的说法，意在取悦而非冒犯他人。为了表现出一致性，我们有时会假装态度，使之与我们的行为相协调。

但这并不是故事的全部。实验表明，有些真实的态度会随着行为的承诺而变化。认知失调理论和自我知觉理论为我们提供了两种解释。

认知失调理论（Cognitive dissonance theory）是由利昂·费斯廷格[31]最先提出的。他认为，当我们的思想或信念（“认知”）两者不一致时，我们会感到紧张或“失调”。费斯廷格认为，为了减少这种唤起的不愉快，我们经常会调整自己的思想。这个简单的想法以及由此衍生的一些惊人预测，已经激发了3000多项研究及论文的发表。

该理论的灵感来源于费斯廷格和他的同事进行的一项参与式观察研究[32]，心理科学协会主席称这是他最喜欢的一项心理学研究[33]。费斯廷格和他的合作者读到一篇关于UFO信徒的新闻报道，这些狂热者认为，在1954年12月21日的末日大洪水到来之际，飞碟UFO将会来拯救他们。这些研究者是怎样回应的呢？加入这个群体并作观察研究。

随着12月21日的临近，最忠实的追随者们纷纷辞职，处理掉他们的财产，有些人甚至离开了他们的配偶。那么，“若预言失败”会发生什么？ 12月21日平安无事地过去了，然而这群人并没有放弃他们的信仰来应对这种巨大的认知失调，反而变得更加狂热了。他们认为正是他们的虔诚感动了上帝，这个世界才得到了宽恕，并开始大肆宣扬这一信息。在现代实验中也是如此，那些信心受到动摇的人通常会试图说服他人。研究人员总结道：“受到质疑就会叫得更响！”[34]

费斯廷格认为，减少失调感的另一种方法是**选择性接触**（selective exposure）与自己观点一致的信息。在一些研究中，事先询问人们关于某些问题的看法，然后让他们选择是想看支持自己观点的信息还是反对自己观点的信息。研究结果显示，选择支持信息的人是选择反对信息的人的两倍[35]。我们更喜欢肯定我们已有信息的新闻，而不是告知我们新信息的新闻。

人们尤其热衷于阅读那些支持自己政治、宗教和伦理观点的信息。我们大多数人都能从自己偏好的新闻和博客来源中证明这一现象。此外，对某一话题——如枪支管制、气候变化或经济政策——有强烈看法的人倾向于表现出“保护同一性”的思维方式[36]。为了减少失调，他们的信念主导了他们的推理和对数据的评估。向人们展示人类造成气候变化的相关数据时，人们会根据他们之前已有的观点来做出不同的解读。而对于一些实践性强但与价值观关系不大的问题，驱动我们的往往是“准确性动机”。因此，我们在买房之前会仔细检查房间，在做手术之前会听取不同的意见。

失调理论主要用来解释行为和态度之间的不一致，这两者我们都能意识到。因此，如果我们感觉到不一致，也许有些虚伪，但我们真的感受到了需做出改变的压力。这有助于解释为什么在英美两国，吸烟者比不吸烟者更可能质疑吸烟的危害[37]。

2003年伊拉克战争之后，国际政策态度项目主任指出，一些美国人挣扎着，试图减少他们的“认知失调体验”[38]。这场战争的主要起因是萨达姆·侯赛因（不像其他残酷的独裁者）可能拥有大规模杀伤性武器。战争伊始，仅有38%的美国人认为，即使伊拉克没有大规模杀伤性武器，这场战争也是正义的[39]。大约五分之四的美国人相信他们的军队会找到这些化学武器，并且支持这场刚刚发动的战争[40]。

然而，美国人并没有在伊拉克找到化学武器，因而这场战争的大多数支持者体验到了失调。尤其是当他们意识到战争所带来的经济和生命损失，看到伊拉克战后的混乱、欧洲和伊斯兰国家汹涌的反美浪潮以及狂热的恐怖主义后，他们的这种感觉更加强烈了。国际政策态度项目指出，为了减少这种失调，一些美国人修改了关于政府发动战争的主要原因的记忆。这些原因现在被解释为：从种族灭绝的残暴统治下解放被压迫的人民，为中东的和平与民主打下基础。战争开始后三个月，曾经占少数的观点变成了占多数的观点：58%的美国人在即使没有找到宣称中的大规模杀伤性武器的情况下仍然支持这场战争[41]。“他们是否找到了大规模杀伤性武器无关紧要，”共和党民意调查员弗兰克·伦兹[42]解释说，“因为战争的根本原因发生了改变。”

在《犯错了（但不是我犯的）：我们为什么要为愚蠢的信念、错误的决定和有害的行为辩护？》一书里，社会心理学家卡罗尔·塔维斯和埃利奥特·阿伦森[43]向我们说明，当面对有明确证据能够证明他们的决策或行为是错误的甚至是灾难性的时候，各党派领导人是怎样减少认知失调的。塔维斯和阿伦森发现，这种现象是不分党派的："一个总统只要为自己的行为辩护，自以为掌握真理，那么他就会拒绝自我修正。"例如，民主党总统林登·约翰逊的传记作者将他描述为一个坚持自己信念的人，即使深陷越南战争的泥潭，他也无视事实。而共和党总统小布什在发动伊拉克战争后说，"即便当时知道现在的结果，我也依然会做出这个决定"（2005 年），"我比任何时候都更加坚信，这是个正确的决定"（2006 年），以及"战争……会付出高昂的生命和财富代价，但这些代价是必要的"（2008 年）。

认知失调理论假设，我们需要维持一致的、积极的自我形象，这会促使我们采取一种能让我们的行为合理化的态度。然而，**自我知觉理论**（self-perception theory）则认为这样的动机不存在：当我们的态度不明确时，我们只是观察自己的行为，然后从中推断出自己的态度。正如安妮·弗兰克在她的日记中写道："我可以像局外人一样观察我自己和我的行为。"这样观察自己之后——比如注意到我们对敲门者的行为反应——我们才能推断出我们对他们的感受。

认知失调理论能够更好地解释，当我们的行动公然与我们鲜明的态度相矛盾时会发生什么。例如，当我们伤害了喜欢的人，我们会感到紧张和不安，我们可能会试图把对方看作蠢货或混蛋，以降低这种紧张和不安。自我知觉理论能够更好地解释，当我们不确定自己的态度时会发生什么：我们通过观察自己来推断自己的态度。如果我们借给新邻居一杯糖，尽管我们不确定是否喜欢他们，但这种帮助行为可以导致我们推断出我们喜欢他们。

达里尔·贝姆[44]在提出自我知觉理论时假设，当我们不确定自己的态度时，我们会推测自己的态度，就像推测别人的态度一样。我们观察自己的行为时也是如此。我们在自由地、毫不掩饰地说或做的时候，流露出的是真实的自我。借用一句古老的谚语："我怎么知道我想什么？除非我听到我说什么或看到我做什么。"

关于如何解释态度依从行为效应的争论，引发了数百项心理学实验研究。这些研究揭示了认知失调和自我知觉过程各自在何种条件下起作用。就像科学界经常发生的那样，每种理论都只对复杂的现实提供其中一部分解释。只要人性是简单的，一种简单的理论就能够描述它。不过，谢天谢地，幸亏我们不是简单的生灵，这就是为什么心理学研究者们在高枕无忧之前还有很长的路要走的原因。

10

临床直觉

埃米莉有自杀倾向吗？约翰该住进精神病院吗？如果汤姆被释放，他会有杀人的风险吗？面对这样的问题，临床心理学家很难做出准确的判断、建议和预测。

这些临床判断同时也是社会判断。因此，它极易受到错觉性相关、后见之明造成的过分自信以及自我证实诊断的影响[1]。接下来让我们看看，提醒心理健康工作者注意人们如何形成印象（和错误印象），为何有助于他们避免做出严重的误判。

错觉性相关

人们很容易从那些本不存在相关之处看到错觉性的相关。如果我们预期两件事情有联系，例如，如果我们相信预感可以预测事情的发生，那么就容易察觉到错觉性相关。即使向我们随机呈现一组数据，我们也可能只注意到并记住那些预感和事件碰巧联系在一起的例子，却很快会忘掉或忽略那些预感未被证实以及事件发生之前没有预兆的所有例子。

像我们所有人一样，临床学家也会产生错觉性相关。设想一下，如果心理健康工作者玛丽预期有性障碍的人更可能对罗夏墨迹测验做出某种特殊反应，那么在对她的经验进行反思时，是不是更容易相信自己曾见证过这样的联系？

为了探索这种知觉何时是错觉性相关，心理科学为我们提供了一种简单的方法：让一位临床心理学家主持并解释这种测验，让另一位临床心理学家评定同一人的特质或症状。换许多不同的人重复这个过程。实际的测验结果与报告的症状相关吗？实验结果表明，一些测验确实有预测性。然而，另一些测验，如罗夏墨迹测验和画人测验，其结果与报告的症状之间的相关远弱于这些测验使用者的假设[2]。

那么，为什么临床心理学家还是对没有提供多少信息或模棱两可的测验表现得如此有信心呢？查普曼等人[3]所做的开创性实验帮助我们找到了答案。他们邀请大学生和临床心理专业人士一起研究测验成绩和诊断结果。如果学生或临床心理学家预期存在某种特殊联系，那么他们通常就能发现它。例如，若临床心理学家认为只有多疑的人才会在画人测验中画出怪异的眼睛，那么他们就会发现这种联系，尽管在呈现给他们的例子中，多疑的人比不多疑的人更少画出怪异的眼睛。如果他们相信存在某种联系，他们就会更多地去注意支持这种联系的例证。因为相信所以看见。

后见之明

假如我们认识的人自杀了，我们会有什么反应？最常见的一种反应是，我们或者其亲人应该能预料并阻止其自杀："我们早该知道！"在后见之明看来，我们能发现自杀的迹象以及其寻求帮助的请求。一项实验给参与者提供了一份对某个抑郁患者的描述。与事先不知道该患者后来自杀身亡的参与者相比，那些事先被告知这一情况的参与者更倾向于报告他们"预见到了"他会自杀[4]。而且，他们对其家人的看法也更加负面。悲剧过后，一种"我早该知道"的现象会使其家人、朋友和治疗师深感内疚。戴维·罗森汉[5]和他的七位同事提供了一个事后解释容易出错的惊人例子。为了测试心理健康工作者的临床洞察力，他们各自预约了不同精神病院的住院部，并抱怨说自己"总是听到一些奇怪的声音”。除了名字和职业是假的，他们如实报告了自己的生活史和情绪状态，并且没有表现出任何进一步的症状。结果，他们大多被诊断为患有精神分裂症，需暂住院两到三周。随后，医院的临床医生从这些假病人的生活史和住院表现中找到了这一诊断的“确证”，并进而对诊断进行“解释”。罗森汉讲述了一个假病人

20/20后见之明。库尔特·科班（Kurt Cobain）是涅瓦纳乐队（Nirvana）的成员。他的歌曲常常表达一种抑郁和自杀的倾向。那么其他人是不是应该用这些迹象，来预测并防止他的自杀行为呢？

的经历：这个病人告诉访谈者，幼年时他与母亲关系很好，但是与父亲疏远。然而，从青春期开始，他和父亲成了好朋友，和母亲的关系却变得疏远了。现在，他和妻子的关系非常亲密和融洽，除了偶尔怄怄气，俩人很少有摩擦。他也很少打孩子。

一位“知道”这个人患有精神分裂症的访谈者这样解释道：

> 这个 39 岁的白人男性……从童年开始就对亲近关系表现得相当矛盾，并一直持续到现在。他与母亲温暖的关系到青少年阶段就结束了。而他和父亲疏远的关系却被他描述为非常紧密。他的感情缺乏稳定性。他试图控制对孩子和妻子的情绪，但不时还是会爆发争吵，打孩子撒气。他也提到他有几个好朋友，但可以感觉到他在这些关系中也很矛盾。

罗森汉后来告诉其他医院的一些工作人员（这些人听说他在进行有争议的实验，但都认定这种错误不会在他们的医院发生），在接下来的三个月内，会有一个或多个假病人试图住进他们医院。三个月后，罗森汉问这些工作人员，在这三个月间入院的 193 名患者中有几个是假病人。结果，新入院的 193 名患者中，有 41 人被至少一位工作人员确诊为假病人。而事实上，没有一个是“假病人”。

自我证实的诊断

到目前为止，我们已经看到心理健康临床医生有时会产生错觉式相关，并且后见之明的解释也会出错。第三个与临床判断有关的问题就是，临床判断可能会激励患者产生似乎支持医生判断的证据：来访者倾向满足治疗师的期望。为了理解如何在实验情境中检验这一现象，想象你与一个未曾谋面的人初次约会，而对方事先得知你是一个无拘无束、生性开朗的人。为了验证这种说法是否正确，约会时，她会不断地问你类似这样的问题："你曾在别人面前做过很疯狂的事情吗？"与你的约会对象认为你是一个害羞矜持的人相比，当你回答这样的问题时，会展示出一个不同的"你"吗？

马克·斯奈德[6]与威廉·斯旺及其他研究者合作开展了一系列巧妙的实验。他们给明尼苏达大学的学生一些有关他人特质的假设，并让他们加以检验。研究者发现，人们在检验某一特质时总是寻找那些能够验证该特质的信息。正如上面提到的那个初次约会的例子，如果人们想验证某个人是否外向，他们就会问一些与外向有关的问题（"如果你想活跃一场聚会的气氛，你会怎么做？"）。当想验证一个人是否内向时，人们更可能会问："是什么原因导致你很难对他人敞开心扉呢？"结果，被问到"外向问题"的人似乎更加喜欢社交，而被问到"内向问题"的人似乎更加害羞。我们对他人的假设会引发他们做出我们所期望的行为。

在印第安纳大学，拉塞尔·法齐奥和同事[7]通过实验得到了相同的结果。他们也发现，与那些被问及“内向问题”的参与者相比，被问及“外向问题”的参与者后来真的觉得自己更加外向。而且，他们明显地变得更加外向。实验结束后，实验者的同谋到休息室与每个参与者见面，结果，同谋有 70% 的概率能从参与者的行为中正确猜中他之前参加的是内向组还是外向组。

通过这些实验，你能明白为什么接受心理治疗的人，其行为总是符合治疗师的理论假设吗[8]？哈罗德·雷诺和弗洛伊德·埃斯蒂斯[9]访谈了 100 位健康、成功的成年男性的个人生活史，他们惊讶地发现，这些受访者的童年都充满了“创伤性事件”、与某些人的紧张关系，以及父母做出的糟糕决定，而这些因素经常被用来解释精神病学问题。当心理治疗师试图从早期童年经历中寻找创伤性事件时，他们往往都能找到。

19 世纪的诗人罗伯特·勃朗宁预测到了斯奈德的结论：“你脑子里想的是什么，你就会去寻找什么：你将会得到你期盼的结果。”

临床直觉与统计预测

由于人们具有后见之明和自我证实诊断的倾向，我们也就不难理解，为什么临床医生和访谈者会对自己的直觉判断更有信心，而不是依据统计数据做出预测（例如，用过去的成绩和能力倾向测验的结果来预测学生在研究生院或职业学校的成绩）。但是，当研究者将统计预测和直觉预测进行比较时，统计预测往往更胜一筹。统计预测有时不够精确，但是直觉更不可靠，即便是专家的直觉也不可靠[10]。

在人们证明统计预测比直觉预测更可靠的30年后，保罗·米尔[11]找到了比以往更为有力的证据：

> 在社会科学的众多争议话题中，只有这个话题一有如此多的研究得出了一致的结果……当你进行了90项调查，从预测足球比赛的结果到肝病的诊断结果，却发现很难找出几项勉强能支持临床心理学家预测的研究，那么，是时候做出实际的结论了。

丹尼尔·卡尼曼[12]指出，现在有200来个研究比较了临床预测和统计预测的优劣，其中大多数都倾向于后者，只在以下几个方面旗鼓相当：

- 医学结果，包括癌症患者的存活期、患者的住院时间、心脏病诊断以及婴儿对婴儿猝死综合征的易感性；
- 经济结果，包括新公司能否成功、人们的信用风险以及职业满意度；
- 政府机构的结果，包括对寄养父母的评估、对少年犯再犯的预测以及对暴力行为的预测；

- 其他难以归类的结果，包括橄榄球赛的赢家和波尔多葡萄酒的价格。

那么，为什么还有那么多的临床心理学家继续使用罗夏墨迹测验和直觉来预测假释者再次犯罪的风险、人们的自杀风险以及儿童遭到虐待的可能性呢？米尔认为一部分纯粹是出于无知，但还有一部分是源于“错误的伦理观念”：

> 假如我试图用低效的而非有效的手段来预测诸如大学生、罪犯或抑郁患者的重要事件，同时向这个人或纳税人收取10倍于我所需的费用，以提高预测的准确性，这就是不道德的事情了。这让作为预测者的我感觉更好、更温暖、更有人情味——只是一个蹩脚的借口而已。

这样的言论令人震惊。米尔（并未完全拒绝临床的专业知识）是否低估了专家 的直觉呢？为了进一步验证米尔的研究结果，我们可以思考一下研究生录取面试官对人类潜能的评估。道斯[13]解释了为什么在预测诸如研究生学业成绩之类的结果时，统计预测比单凭直觉的预测更准确：

> 为什么我们会认为，半小时的面试比综合了诸如GPA、GRE成绩和推荐信评级等标准化的评价变量能更好地选拔学生？我认为最合理的解释就是人们高估了自己的认知能力。这绝对是一种认知上的自负。例如，试想一下，GPA

成绩是怎么获得的。因为绝大多数大学毕业生申请读研时的 GPA 成绩都是基于至少三年半的大学成绩，这至少包括 28 门课程，随着学季制的流行，它甚至包括多达 50 门的课程……而面试者只花半小时来查看某位申请者的档案或与其面谈，他们认为自己对申请者的评价比三年半来 20~40 位教授的综合评价更准确……最后，如果一定要忽略 GPA，唯一可能的理由就是这个申请者特别优秀，即使他的成绩并没有显示出这一点。哪些方法比精心设计的能力倾向测验更能证明一个人的聪明程度呢？虽然美国教育考试服务中心（ETS）

在给来访者进行诊断分析时，临床工作者和我们一样，也很容易受到认知错觉的影响。

的测验存在很多缺陷，但我们真的认为自己比 ETS 的测验能更好地评估一个人的能力吗？

在他发表上述观点的 30 年后，道斯[14]认为，归根结底，使用缺乏证据的临床直觉而非统计预测进行判断“就是不道德的”。

对改善临床实践的启示

对心理健康工作者来说，本模块提供了以下四条启示。

1. 为了减少被相关错觉所愚弄的风险，要当心人们往往会因为自己的期望而发现并不存在的关联，或者仅仅因为记忆中有几个引人注目的案例支持这种相关，就错误地认为这种关联是普遍存在的。
2. 为了减少被后见之明偏差所愚弄的风险，要认识到后见之明会让你感到过分的自信，而有时又会因为未能预见事情的结果而过分自责。
3. 为了减少被自我证实的诊断所愚弄的风险，要防止自己只提出那些支持自己假设的问题的倾向；要记住，即使来访者赞同你的说法，也不意味着你就是对的；考虑相反的观点，并加以验证[15]。
4. 学会借助统计预测的力量。

11

临床治疗：社会认知的作用

如果你是一名大学生，你通常偶尔会感到有些抑郁。有时，你也许会对生活不满意，对自己的未来感到气馁和忧虑，没有胃口，精神萎靡，无法集中注意力，甚至会怀疑生命的价值。或许，你认为令人失望的学业成绩会危及你的职业目标；抑或，一段关系的破裂使你陷入绝望。每当这些时候，你可能会陷入自我关注的忧思之中，而这只会让你更加沮丧。一项对美国大学生开展的调查显示，31% 的大学生报告在上一学年的某个时段，他们曾感到“十分沮丧，以至于无法正常学习和生活”[1]；33% 的人说他们“曾感到被自己必须要做的事压垮”[2]。对于 13% 的美国成年男性和 22% 的成年女性而言，生活中的低潮不仅仅是由负性事件引发的一种暂时的忧郁情绪，而是持续数周的无明显缘由的重性抑郁发作，他们因此被诊断患有抑郁症[3]。

心理学最有趣的前沿研究领域之一，就是与心理障碍相伴的认知过程。那些抑郁、孤独、害羞或是容易得病的人，他们的记忆、归因和期望是怎样的呢？抑郁症是研究最深入的一种心理障碍，对此已有数十项研究提供了一些答案。

社会认知与抑郁

感到抑郁的人倾向于用消极的方式思考问题。他们透过低自尊的黑色眼镜来看待生活[4]。对于那些严重抑郁（感到没有价值、无精打采、对朋友和家人漠不关心、不能正常饮食和作息）的人来说，这种消极的思维模式往往会让他们变得更糟。他们极度消极的观点，放大了每一次痛苦的经历，而忽略了所有美好的经历。他们可能认为，诸如“想想你的福气”或“往好的方面想想”之类的建议是完全不切实际的。一名抑郁的年轻女士曾这样说：“我真的毫无价值，不能照顾自己。我无法继续我的工作，因为我的多疑让我停滞不前”[5]。

扭曲事实还是现实主义

是否所有抑郁的人都不切实际地消极悲观呢？为了寻找这个问题的答案，劳伦·阿洛伊和林恩·艾布拉姆森[6]以轻度抑郁和不抑郁的大学生为对象进行了研究。他们让这些大学生去按一个键，并观察此键能否控制随后的灯亮。结果让人惊讶的是，那些抑郁的大学生能相当准确地估计他们的控制程度，而那些不抑郁的大学生的判断却是歪曲的，他们夸大了自己的控制程度。这表明，尽管轻度抑郁的大学生倾向于自我关注，但是他们更善解人意，并且他们的记忆和判断往往也更加准确[7]。

这种令人惊讶的**抑郁现实主义**（depressive realism）现象，又被称为"悲观者更理智效应"（sadder-but-wiser effect），出现在一个人对自己的控制力或技能做出各种判断之时[8]。谢利·泰勒[9]这样解释道：

> 普通人往往夸大自己的能力和受欢迎程度，抑郁者却不这样。普通人常常会在回忆过去时自带玫瑰色的光环，抑郁者（除了重度抑郁患者）在回忆成功和失败的经历时会更加公正。普通人对自己描述大多是正性的，而抑郁者既描述自己正性的品质，也描述负性的品质。普通人倾向于把成功归因于自己的能力，否认自己对失败的责任。而无论成功或失败，抑郁者都将原因归结为自己。普通人通常会夸大自己对周围所发生的事情的控制能力，抑郁者就不太容易受这种控

制错觉的影响。普通人不现实地认为，未来会赐予他们很多美好的事物，而糟糕的事物会很少。抑郁者对未来的感知更现实。事实上，在普通人表现出偏差的几个方面，抑郁者几乎都没有表现出类似的偏差，包括过高的自尊、控制错觉和对未来不现实的预期。“悲观者更理智”确实看起来很适用于抑郁之人。

抑郁者思维方式的背后是他们对责任的归因模式。试想一下：如果你因为考试不及格而责备自己，你可能会将原因归结为你自己不够聪明或者太懒惰，因此会觉得很郁闷。如果你将原因归结为考试不公平或你不能控制的其他环境因素，你可能会觉得很气愤。涉及 15 000 名参与者的 100 多项研究发现，抑郁者比不抑郁的人更可能表现出消极的**解释风格**（explanatory style）[10]。如图 11-1 所示，这种解释风格将失败和挫折归结为稳定的（“它将会一直持续下去”）、普遍的（“它会影响我做的每件事情”）和内在

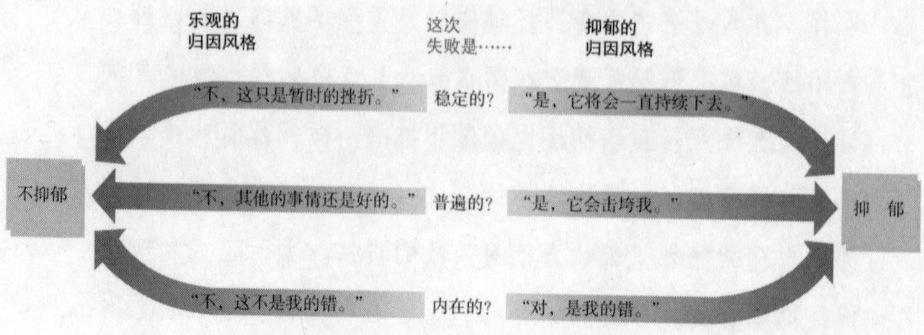

图 11–1 抑郁的解释风格。抑郁者对失败的解释方式往往是消极的、悲观的。

的（“这全是我的错”）原因。艾布拉姆森和同事[11]认为，这种消极的、过度泛化的和自我责备的思维，其结果就是一种抑郁的绝望感。

负性思维是抑郁的原因还是结果

抑郁者的认知过程引发了一个“先有鸡还是先有蛋”的问题：究竟是抑郁的心境导致了负性的思维，还是负性的思维导致了抑郁？

抑郁心境导致负性思维

我们的心境会影响我们的思维方式。当我们感到快乐时，我们的思维也是积极的，我们看到和回忆的都是一个美好的世界。当我们的情绪跌入低谷时，我们的思维就会进入另外一种模式。玫瑰色眼镜被摘去了，我们换上了黑色眼镜。现在，恶劣的心境启动了我们对负性事件的回忆[12]。我们与他人的关系恶化，自我概念变得糟糕，对未来的希望变得黯淡，他人看起来更加险恶[13]。随着抑郁程度的加深，我们的记忆和期望都迅速跌入谷底。

当抑郁症状消失时，我们的思维也变得明快起来[14]。例如，现在抑郁的人在回忆起父母时，更多地认为自己受到了忽视和惩罚。但曾经抑郁但现在不抑郁的人，会像从不抑郁的人一样用积极的方式回忆他们的父母[15]。因此，当你听到抑郁者贬低他们的父母时，请记住：心境扭曲了他们的记忆。

爱德华·赫特及其同事[16]在对印第安纳大学篮球迷们开展的研究中发现，即使短暂的恶劣心境也可以使思维变得消极。球迷看到自己球队失利就会闷闷不乐，而看到自己的球队取胜又会洋洋得意。研究者让他们预测球队未来的表现以及他们自己的表现。在某次失利之后，人们不仅对球队的未来评价悲观，而且对自己在投飞镖、猜字谜游戏和约会等方面的表现也都持更悲观的评价。当事情没有按照我们的预期发展时，我们似乎会认为，事情永远不会符合我们的预期了。

抑郁的心境也会影响行为。当我们抑郁时，我们倾向于变得退缩、忧郁、总是抱怨。抑郁者准确地认识到了别人并不欣赏他们的行为，他们的悲观主义和恶劣心境确实会招致社会拒绝[17]。

抑郁行为也会引发他人的抑郁。宿舍有抑郁者的大学生倾向于表现出一些抑郁症状[18]。在约会的情侣中，抑郁也经常会互相传染[19]。不过，一项对马萨诸塞州近 5 000 名市民开展的为期 20 年的追踪研究表明，快乐也是会传染的，当周围都是快乐的人时，你也会变得更快乐[20]。

负性思维导致抑郁心境

面对巨大的压力，感到抑郁是很自然的，这些压力包括失业、离婚、被排斥，或者任何一种让我们怀疑自己、质疑自己存在价值的经历。伴随这种短期抑郁而来的忧思可能是具有适应性的。

压力激起一些人的斗志，同时也击垮了另一些人。研究者们试图了解“归因风格”，它使一些人相对而言更容易抑郁。

就像恶心和疼痛保护我们的身体远离毒素一样，抑郁也可以保护我们，让我们放慢脚步，重新评价自己，然后把我们的精力投入到新的方面[21]。在抑郁的萎靡状态中获得的洞察力，可能会使我们找到与周围世界互动的更好策略。

尽管我们所有人都有可能在经历负性事件后体验到暂时的抑郁，但有些人的抑郁持续时间总是更长。有抑郁倾向的人对不良事件表现出过分的反刍思维和自责[22]，他们的自尊水平更容易受到成功和威胁的影响而上下波动[23]。

为什么有些人容易受到轻微压力的影响呢？有证据表明，压力引发的**反刍思维**（rumination），在经过消极归因风格的过滤和选择后，往往会导致抑郁[24]。科林·萨克斯和达芙妮·布根塔尔[25]让一些年轻女性接触一位陌生人，这个人有时会表现得比较冷漠和不友好，从而营造出一种难堪的社会情境。与乐观的女性不同，那些有消极解释风格的女性（把不好的事情归因为稳定的、普遍的、内在的原因）会因社交失败而感到抑郁。更重要的是，她们对随后遇见的人表现出更多的敌对行为。她们的负性思维产生了负性的心境，进而导致了负性的行为。

苏珊·诺伦-霍克西玛[26]报告说，这种抑郁性的反刍思维在女性中更为普遍。她发现，当遇到困难时，男性往往会采取行动，而女性往往会思考困境，并且通常是"过度思考"。这也有助于解释为什么从青少年期开始，全世界的女性患抑郁的风险几乎都是男性的两倍[27]。

在实验室之外，对儿童、青少年和成人的研究都证实，那些具有消极解释风格的人在遇到糟糕的事情时更容易变得抑郁。一项为期两年半的研究每6周对大学生进行一次监测[28]。研究结果表明，在此期间，入学时持乐观思维风格的大学生出现第一次抑郁发作的比例为1%，而入学时持悲观思维风格的大学生出现第一次抑郁发作的比例则为17%。马丁·塞利格曼[29]说过："预先存在的悲观主义加上失败，结果便是严重的抑郁。"

研究者彼得·莱文森和同事[30]把这些发现整合成一种对抑郁

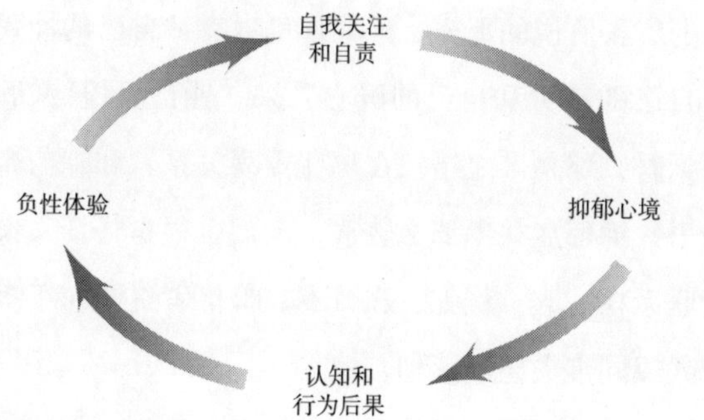

图 11–2 抑郁的恶性循环。

的心理学综合解释。在他们看来，抑郁者的负性自我形象、归因和预期均是由负性的经历和体验引发的，从而构成了恶性循环中的重要一环，这些负性的经历和体验或许是学业或事业的失败，抑或是家庭冲突或社会拒绝（见图 11-2）。这种反刍思维催生出一种能改变人们思维和行为方式的抑郁心境，继而又进一步激发了负性体验、自责和抑郁心境。在实验中，当轻度的抑郁者将注意转移到一些外部事物上，他们的心境就会变得明朗起来[31]。因此，抑郁既是负性认知的原因，也是负性认知的结果。

马丁·塞利格曼[32]认为，自我关注和自责有助于解释当今西方社会抑郁如此普遍的原因。塞利格曼认为，宗教信仰和家庭观念的淡漠，加之个人主义的滋长，导致现在的年轻人在面对挫折时容易感到绝望和自责。当我们孤身一人没有任何依靠时，学业、事业和婚姻的失败容易导致绝望。正如《财富》杂志上那条大男子主义的广告所说的那样，假如你可以靠“自己的冲劲、自己的勇气、自己的精力和自己的野心”来“独自承担”，那么，当你未能做到时，那是谁之错？在那些重视关系、和睦与合作的非西方国家里，抑郁症并不那么普遍，人们也很少将个人失败与内疚和自责联系在一起。例如，在日本，抑郁者更倾向于报告他们因为令家人或同事失望而感到羞愧[33]。

这些关于思维风格与抑郁之间关系的见解，促使心理学家们去研究与其他问题相关的思维模式。那些被极度孤独、害羞或药物滥用所困扰的人们是如何看待自己的呢？他们能很好地回忆自己的成功和失败吗？他们对自己的人生起伏又是怎样归因的呢？

社会认知和孤独

如果说抑郁是心理障碍中的普通感冒，那么孤独就是头疼。孤独是当人们发现自己的社会关系不如渴望的那么丰富多彩或富有意义时体验到的一种痛苦。社会联结和同一性可以帮助人们远离抑郁[34]。然而，在现代文化中，紧密的社会关系相对更少了。一项全美的调查发现，近 20 年来，美国人可以与之谈论“重要事情”的人数减少了三分之一。此外，美国人独居人口的比率从 20 世纪 20 年代的 5% 上升到了 2013 年的 27%[35]。

然而，孤独并不等同于孤单。在热闹的聚会中，一个人也可能会感到孤独。玛丽·皮弗[36]感慨道："在美国，只有孤独，没有孤单；不乏拥挤的人群，却没有可归属的社群。"在洛杉矶，她的女儿发现："我的周围有一千万人，但却没有人知道我的名字。"当缺乏社会联结、感到孤独（或者在实验中让人们感到孤独）时，人们可能会从物品、动物以及超自然存在中寻找类似人性的东西来加以补偿，并与之形成伙伴关系[37]。

一个人可以完全孤身一人而不感到孤独，就像我在离家 8046 公里远的英国大学一座孤零零的办公楼里独自写这些文字时，我并未感到孤独。孤独之感是感受到被某一群体排斥、不被周围人喜欢、不能与人分享你的关切，或感觉自己像个异类，与周围环境格格不入[38]。如果你的熟人中有人感到孤独，那么你感到孤独的几率就会增大[39]。由于负性思维和消极行为会在人群中蔓延，所以孤独往往会出现社会集群效应。难怪孤独增大了人们未来抑郁、疼痛和倦怠的风险[40]。

孤独也增大了出现各种健康问题的风险。孤独会影响应激激素、免疫活动和炎症反应。因此，孤独不仅会增大人们发生抑郁和自杀的风险，还会增大患高血压、心脏病、认知退化和睡眠障碍等疾病的风险[41]。涉及 30 多万人的 148 项研究的数据显示，社交孤立对死亡风险的影响接近于吸烟，高于肥胖或不运动所带来的不良影响[42]。即使是简短的社交接触（比如，与邻居闲聊或在社交媒体上与人联系），也能减少孤独感及其健康风险[43]。

他人冰冷的目光和轻视的态度也可能引发个体的孤独，这种冷漠甚至会让人感到真实的寒冷。与回忆被接纳的经历相比，人们在回忆自己被排斥的经历时会觉得室温相对较低。在小球游戏中被排斥后，人们对热的食物和饮料表现出更多的偏好[44]。

孤独感具有适应性。孤独感可以向人们发出寻求社会联结的信号，这种联结有助于个体生存。甚至当孤独触动怀旧之情时——一种对过去的渴望——它也有助于提醒人们自己所拥有的社会联结[45]。

和抑郁者一样，长期孤独的人似乎也处于一种自我挫败的社会思维和社会行为的恶性循环中。他们具有一些抑郁者的消极解释风格，即他们觉得自己和他人交往时，总给对方留下不好的印象，他们会因为不良的社会关系而自责，并且认为绝大多数事情都不是自己所能控制的[46]。不仅如此，他们还用消极的方式来看待他人。研究表明，孤独者与同性别的陌生人或新的大学室友搭档时，更容易对搭档形成负面看法[47]。具有讽刺意味的是，达努·斯廷森等人[48]的报告指出，缺乏社交安全感的人，其行为方式经常恰恰会引发他们所担心的社会拒绝。如图 11-3 所示，有时，孤独、抑郁和害羞会互相强化。

这些负性的观点既反映了也加重了孤独者的体验。认为自己没有社会价值，对他人抱有消极看法，这些都会阻碍孤独者采取行动来减少他们的孤独感。孤独者经常发现，他们在做自我介绍、打电话以及参与团队活动时会很困难[49]。然而，与轻度抑郁者一样，孤独者对他人更敏感，并且善于识别人们的情绪表达[50]。

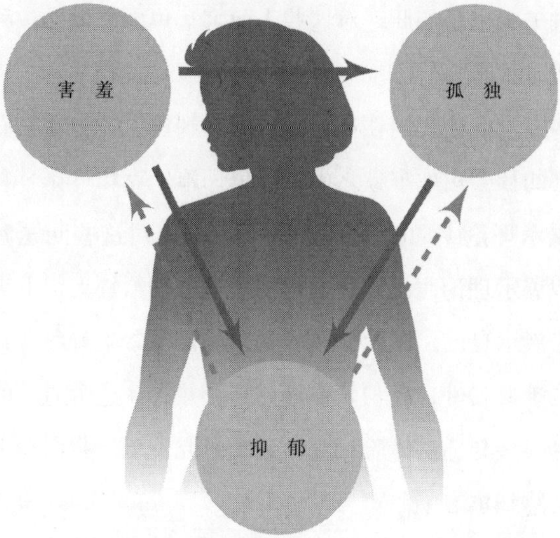

图 11–3　长期的害羞、孤独和抑郁之间的相互作用。实线箭头表示主要的因果关系，由乔迪·迪尔和克雷格·安德森[51]总结而来。虚线表示次要的影响。

社会认知和焦虑

害羞是一种社会焦虑，以过度自我关注和担心他人的想法为特征[52]。应聘一份梦寐以求的工作，第一次和某人约会，闯入一屋子陌生人当中，在重要的观众面前表演或演讲（最常见的恐怖症之一），这些事情几乎会让每个人都颇感焦虑。但是，有些人几乎在所有感到自己被评价的社会情境中都会心生焦虑，甚至和同事共进午餐也是如此。对这些人而言，焦虑更像是一种人格特质而非暂时状态。

哪些因素会让我们在社会情境中感到焦虑？为什么有些人受困于自己的社会焦虑牢狱之中？巴里·施伦克和马克·利里[53]运用自我展示理论（self-presentation theory）对这些问题做出了解答。自我展示理论假设，我们都渴望用一种给别人留下美好印象的方式来展示自己。因此，当我们想给他人留下好印象，但又怀疑自己能否做到时，我们就会感到社会焦虑。这个简单的原理有助于解释很多与你的体验相互印证的研究发现。我们在下列情况下最容易感到焦虑：

- 与位高权重的人交往——他们对我们的印象至关重要；
- 在某一重要的评价情境中，比如第一次面试；
- 过度自我关注（害羞的人通常是这样），我们将注意力集中在自身以及如何给他人留下好印象上；
- 关注对我们的自我形象有重要意义的事情，例如一位大学教授在专业会议上向同行展示研究成果；
- 身处一种新奇的或非结构化的情境中，例如第一次参加学校舞会或者第一次参加正式晚宴，我们并不熟悉这些场合的社交规则。

对大多数人来说，我们在这些情境中的自然倾向就是小心翼翼地自我保护：少说话，避开那些显得自己无知的话题，言行谨

在关系中自我表露以及积极的解释风格有助于保护人们远离孤独感。

慎，保持谦逊、友善和微笑。

与不害羞的人相比，害羞的、过分敏感的人（其中很多都是青少年）认为一些偶然事件多多少少与自己有关[54]。害羞、焦虑的人还会把情境过分个人化，即一种滋生忧患关切的倾向，极端情况下导致偏执狂。他们特别容易表现出“焦点效应”，高估受到他人关注和评价的程度。如果他们的头发没有梳好或是脸上有瑕疵，他们就会认为所有人都注意到了，并据此对其作出评价。害羞者甚至可能意识到了自己这种不恰当的过度自我关注。他们希望不再担心自己会脸红、别人怎么想或者接下来该说什么。

当一个人迫切地想给他人留下好印象时，社会焦虑就会自然而然地产生。

为了减少这种社会焦虑，一些人会求助于酒精。酒精能减轻焦虑，降低自我关注[55]。因此，长期过度自我关注的人特别容易在遭受挫败时酗酒。假设戒酒成功，但与那些低自我关注的人相比，这些人在再次经历压力或失败时更容易再度酗酒。

像焦虑和酒精滥用等各种各样的症状也具有自我设限的作用。给自己贴上焦虑、害羞、抑郁或酒控等这样的标签，可以为失败提供借口[56]。在这些症状的防御下，个体的小我得到了保护。“为什么我不去约会？因为我是个害羞的人，所以人们不容易了解真实的我。”这类症状是一种无意识的策略性伎俩，借此为负性结果辩解。

假如我们为害羞的人提供另一种更方便的理由来解释他们的焦虑以及由此带来的失败，他们是否就会放弃使用这种策略呢？害羞的人会因此不再害羞吗？这正是苏珊·布罗特和菲利普·津巴多[57]在对女大学生的研究中得到的发现。他们把一些害羞的和不害羞的女大学生带到实验室，让她们和一位英俊的男士谈话，这位男士是以另一名参与者的身份出现的。在谈话开始前，她们集中在一个小房间里并听到很大的噪音。实验者告诉其中一些害羞的女生，这种强烈的噪音会使她们心跳加速（而这正是社会焦虑的常见症状之一），但并没有把这条信息告知另一些害羞的女生。因此，这些害羞的女生在后来和那位男士谈话的时候，可以把自己的心跳加速和任何谈话过程中出现的困难都归咎于之前的噪音，而不是因为她们害羞或缺乏社交能力。与那些事先不知道怎么解释心跳加速的害羞女生相比，知道这一信息的害羞女生不再那么害羞了。谈话一开始，她们就能流利地与那位男士交谈起来，并主动问他一些问题。事实上，与其他那些害羞的女生（那位男士很容易指出她们是害羞的女生）相比，他很难将她们与不害羞的女生区分开来。

社会心理治疗方法

我们已经探讨了与一系列问题相关的思维模式，这些问题从重度抑郁到极度害羞再到身体疾病。这些适应不良的思维模式需要治疗吗？所谓的社会心理疗法并不存在，但治疗也属于一种社会交往，因此社会心理学家认为，社会心理学的原则可以整合到现有的治疗技术当中去[58]。下面我们将对两种方法展开讨论。

通过外在行为引发内在改变

我们的行为影响我们的态度。我们的社会角色、言行和决定都对“我们是谁”有着深刻的影响。

与这种“态度依从行为”的原则相一致，一些心理治疗技术会开出行动“处方”。

- 行为治疗师努力塑造来访者的行为，其理论假设是：来访者的内在特质会随着行为的改变而改变。
- 在自信训练中，个体首先在支持性情境中通过角色扮演来练习自信，经过反复训练之后，个体会逐渐获得在日常生活中的自信。
- 理性情绪疗法认为，是我们自己创造了自己的情绪。因此，治疗师给来访者布置“家庭作业”，让他们以一种有助于新情绪产生的方式说话、做事：挑战那些专横的亲人；摒弃“自己没有吸引力”的想法，主动和他人交往。

- 自助团体巧妙地诱导参与者在团体面前以新的方式行事：发泄愤怒，哭泣，在行动中展现高自尊，表达积极情感。

所有这些技术都有一个共同的假设：如果我们不能用坚定的意志力来直接控制我们的情感，那么我们可以通过自己的行为来间接地影响它。

实验证明，我们关于自我的言语能够影响我们如何感受。在一项为期 4 周的实验中，参与善行的人会变得更加幸福[59]。那些以自我提升（而不是自我贬低）的方式展示自己的学生，之后对自我的感觉更好[60]。同样，公开的自我展示，无论是提升还是贬低，都会影响个体在之后的自尊测验中的表现。言语会变成信念，即使我们谈论的是我们自己。

打破恶性循环

如果抑郁、孤独和社会焦虑是消极体验、消极思维模式和自我挫败行为所形成的恶性循环的结果，那么应该可以通过破坏任何一个环节来打破这一恶性循环，比如改变环境、训练个体形成更为积极的行为方式、转变消极思维等等。这的确可以做到，有多种治疗方法可以帮助人们从抑郁的恶性循环中解脱出来。

社交技能训练

抑郁、孤独和害羞不仅仅是个体的心理问题。身处抑郁者周围的人也会感到不愉快和压抑。正像孤独者和害羞者认为的那样，他们在社会情境中的表现确实不尽如人意。具有讽刺意味的是，过度自我关注的人越是想给别人留下好印象，他们的努力就越会适得其反[61]。而那些注重支持他人的人往往能够获得他人的关注。

针对这些问题，社交技能训练会有所帮助。通过观察并在安全的情境中练习新的行为，个体可能会在其他情境中行事时表现出更高的自信。随着个体开始享受更有技巧的行为所带来的回报，

社会技能训练：让害羞、焦虑的人观察社会技能，然后反复练习，并在现实生活中得到积极的反馈和强化时，他们的社会技能通常会有明显的提高。

渐渐地，他也会形成更加积极的自我认识。弗朗西丝·黑默利和罗伯特·蒙哥马利[62]在几项针对害羞、焦虑大学生的暖心研究中证实了这一点。缺少恋爱经验并且对异性在场感到紧张的人可能会对自己说："我很少约会，我肯定是缺乏社交技能，不应该去追求任何人。"为了改变这种消极的信念和行为结果，黑默利和蒙哥马利引导这些学生与异性进行愉快的交流。

在其中一项实验中，男性参与者在填写社会焦虑问卷之后来实验室两天。每一天他们都与6位年轻女性中的每一位进行12分钟的交谈。他们以为这些女性也是参与者。事实上，这些女性是实验者的合作者，她们被要求以一种自然、积极、友好的方式与每个男性参与者交谈。

实验表明，这两个半小时的交谈所产生的积极效果十分显著。一个参与者事后写道："我从来没有遇到过这么多我能够与之愉快交谈的女孩。在与几个女孩聊天之后，我的自信心提高了，不再像以前那样紧张。"这些评价也得到各种测量工具的印证。与控制组的男性参与者不同，那些与女性交谈过的男性参与者在一周以及6个月之后的重测中，与女性有关的焦虑明显降低了。当他们被安排独自与一个有吸引力的陌生女性在一起时，他们也会更加自信地主动与其交谈。事实上，实验结束以后，他们已经偶尔开始约会了。

黑默利和蒙哥马利指出，在这一切发生的过程中，并没有心理咨询的介入，而正是因为没有咨询才会发生这些变化。通过自己的努力有了成功的经验后，这些男性可以开始相信自己有社交能力。尽管 7 个月后研究者向这些参与者解释了这个实验，但此时这些人已经获得了足够多的社交成功，从而可保持他们对成功的内在归因。黑默利[63]总结道："只要来访者没有外在因素可以用来解释自己的某次成功，那么成功便不可阻挡！"

解释风格疗法

抑郁、孤独和害羞的恶性循环，可以通过社会技能训练、通过改变自我认识的积极体验，以及通过改变消极的思维模式来打破。有些人有良好的社交技能，但他们与吹毛求疵的朋友和家人相处的经历，让他们错误地以为自己不具备良好的社交技能。对于这些人，只要帮助他们转变对自己和未来的消极信念就足够了。在认知疗法中，以此为目标的就有社会心理学家提出的解释风格疗法[64]。

其中一个项目是帮助抑郁的大学生改变他们通常的归因风格。玛丽·莱登[65]首先向抑郁的大学生解释非抑郁者通常的归因风格有什么好处（把成功归功于自己，并看到环境如何使事情变糟）。通过布置各种任务，她帮助学生观察他们自己通常是怎样解释成功和失败的。接下来是治疗阶段：莱登让他们记录下每天成功与失败的事情，并在成功之事中指出他们自己的贡献，在失败之事中找出外在的因素。当这种归因训练进行了一个月之后，对这些学生进行重测，相比没有治疗的控制组，他们的自尊提高了，归因风格也变得更加积极。归因风格越积极，他们的抑郁就消失得越多。通过改变归因风格，他们改变了自己的情绪。

在强调行为会随着思维模式的改变而变化之后，我们应该提醒自己，它们也有局限性。社交技能训练和积极的思维模式，不可能将我们变成常胜将军，变得总是被人喜爱和钦佩。坏事还是会发生，暂时的抑郁、孤独和害羞是对糟糕之事所做出的适当反应。只是当这样的情绪长期存在且没有任何明确的原因时，它才需要被关注，并在必要时去改变这些自我挫败的思维和行为。

参考文献索引

模块 1

1. Sartre, 1946
2. Leshner, 2005
3. Carroll et al., 1994
4. Adler et al., 1993, 1994
5. Damon, 1995
6. Dawes, 1994
7. Leary, 1998
8. Seligman, 1994, 2002
9. Baumeister et al., 2003, 2005
10. Twenge, 2013, 2014
11. Skaalvik & Hagtvet, 1990
12. Trautwein & Lüdtke, 2006
13. Bachman & O’Malley, 1977; Maruyama et al., 1981
14. Boyzatzis et al., 1995
15. Brandt et al., 2014; Miguel et al., 2014
16. Anderson et al., 2016; Gilbert et al., 2016; Klein et al., 2014; Open Science, 2015
17. Aronson et al., 1985
18. Korn & Nicks, 1993; Vitelli, 1988
19. Fiske & Hauser, 2014
20. Sharpe & Faye, 2009
21. Epley & Huff, 1998; Kimmel, 1998
22. Mitchell, 2012
23. Anderson et al., 1999
24. Henry, 2008a, 2008b
25. Henrich et al., 2010
26. Jones et al., 1985

模块 2

1. Murphy, 1990
2. Schlesinger, 1949
3. Lazarsfeld, 1949
4. Slovic & Fischhoff, 1977
5. Roese & Vohs, 2012
6. Blank et al., 2008; Nestler et al., 2010
7. Teigen, 1986
8. Gladwell, 2003
9. Dawson et al., 1988

模块 3

1. Markus & Wurf, 1987
2. Kihlstrom & Cantor, 1984
3. Kesebir & Oishi, 2010
4. Lawson, 2010
5. Gilovich et al., 2000
6. Gilovich et al., 1998
7. Savitsky et al., 2001
8. Vorauer & Ross, 1999
9. Schoeneman, 1994
10. Freeman, 1997; Greenfield, 2009; Marshall, 1997; Triandis, 1994

11. Heine et al., 1999
12. Kanagawa et al., 2001; Ma & Schoeneman, 1997
13. Kashima & Kashima, 1998, 2003
14. Sasaki & Kim, 2011
15. Oyserman et al., 2002a, 2002b
16. Bandura, 2004
17. Plaut et al., 2002; Vandello & Cohen, 1999
18. Kraus et al., 2012; Markus & Conner, 2013; Plaut et al., 2012
19. Greenfield, 2013
20. Twenge et al., 2013
21. Yu et al., 2015
22. DeWall et al., 2011
23. Twenge et al., 2013
24. Gentile et al., 2010; Twenge & Campbell, 2008; Twenge et al., 2011
25. 参见 Trzesniewski & Donnellan, 2010
26. Arora, 2005
27. Twenge et al., 2011
28. Varnum & Kitayanma, 2011
29. Markus & Kitayama, 2010
30. Kim & Sherman, 2007
31. Kim & Markus, 1999
32. Choi & Choi, 2002
33. Markus, 2001; Morling & Lamoreaux, 2008
34. Nisbett, 2003
35. Zhu et al., 2007
36. Cross et al., 1992
37. Holtgraves, 1997
38. Lalwani et al., 2006
39. Markus & Kitayama, 1991
40. Tafarodi et al., 2004
41. Gaertner et al., 1999
42. Kitayama & Markus, 2000
43. Triandis, 2000
44. Kitayama, 1999
45. C. S. Lewis, 1952, pp. 18—19
46. MacDonald & Ross, 1997
47. Lutsky et al., 1993
48. Helzer & Dunning, 2012
49. Vazire & Mehl, 2008
50. Min & Arkes, 2012
51. Buehler et al., 2002
52. Dunning, 2006
53. Roy et al., 2005
54. Min & Arkes, 2012
55. Woodzicka & LaFrance, 2001
56. Wilson & Gilbert, 2003
57. Gilbert & Ebert, 2002; Loewenstein & Schkade, 1999
58. Gilbert & Wilson, 2000
59. Dunn & Ashton-James, 2008
60. Eastwick et al., 2007; van Dijk et al., 2008
61. Gilbert & Wilson, 2000
62. Gilbert & Wilson, 2000
63. Schkade & Kahneman, 1998
64. Wilson & Gilbert, 2003
65. Gilbert et al., 2004
66. Gavanski & Hoffman, 1987
67. Mathieu & Gosling, 2012
68. Wilson, 1985, 2002
69. Wilson et al., 1989, 2008
70. Wilson, 2002
71. Wilson et al., 2000
72. Gawronski & Bodenhausen, 2006; Nosek, 2007
73. Kendrick & Olson, 2012

模块 4

1. Schmitt & Allik, 2005
2. Gentile et al., 2010
3. Campbell & Sedikides, 1999
4. Grove et al., 1991; Lalonde, 1992; Mullen & Riordan, 1988
5. *Toronto News*, 1977
6. Kruger & Gilovich, 1999
7. Gray & Silver, 1990
8. Imai, 1994; Rice, 1985
9. Diekmann et al., 1997
10. Major et al., 2003
11. Wilson & Ross, 2001
12. Pronin et al., 2002
13. Pronin & Ross, 2006
14. Sedikides et al., 2014
15. Kanten & Teigen, 2008
16. Barry, 1998
17. Baumhart, 1968; Brenner & Molander, 1977
18. Lovett, 1997
19. French, 1968
20. Headey & Wearing, 1987
21. Gawande, 2002
22. Hoorens, 1993, 1995
23. Public Opinion, 1984; Watt & Larkin, 2010; Wylie, 1979
24. Lassiter & Munhall, 2011
25. Lerner et al., 1991
26. Larwood, 1978; Snyder, 1978
27. Epley & Whitchurch, 2008
28. Guerin, 1994; McKenna & Myers, 1997; Svenson, 1981
29. Galinsky et al., 2009
30. Savitsky et al., 2005
31. Twenge et al., 2012a
32. Dunning et al., 1989, 1991
33. AFP, 2013
34. Krizan & Suls, 2008
35. Williams & Gilovich, 2008
36. Brown, 1990, p. 79
37. Fischer & Chalmers, 2008; Shepperd et al., 2013, 2015
38. Weinstein, 1980, 1982
39. Deaton, 2009
40. Hoorens et al., 2008; Shepperd, 2003
41. Waters et al., 2011
42. Massey et al., 2011
43. Twenge & Campbell, 2008
44. Reynolds et al., 2006
45. Wrosch & Miller, 2009
46. Burger & Burns, 1988
47. Freund et al., 2005
48. Robins & Beer, 2001
49. Spiegel, 1971, p. 243
50. Armor & Taylor, 1996; Segerstrom, 2001
51. Robinson & Ryff, 1999
52. Peterson et al., 2001
53. Haselton & Nettle, 2006
54. Norem, 2000
55. Prohaska, 1994; Sparrell & Shrauger, 1984
56. Goodhart, 1986; Norem & Cantor, 1986; Showers & Ruben, 1987
57. Armor & Sackett, 2006
58. Dunning, 2006
59. Krueger & Clement, 1994b; Marks & Miller, 1987; Mullen & Goethals, 1990
60. Goel et al., 2010
61. Bui, 2012
62. Watt & Larkin, 2010
63. Sagarin et al., 1998

64. Dawes, 1990
65. Imhoff et al., 2011
66. Goethals et al., 1991
67. Spears et al., 2009
68. Chambers & Windschitl, 2004
69. Ross & Sicoly, 1979
70. Dunning, 1995
71. Sanitioso et al., 1990; Swann, 1996, 1997
72. Sedikides, 1993
73. Batson, 2006
74. Bushman et al., 2011
75. Tesser et al., 1988
76. van Dijk et al., 2012
77. Zuckerman & Jost, 2001
78. VanDellen et al., 2011
79. Leary, 1998, 2004b, 2007

模块 5

1. Murray et al., 2002; Vorauer & Quesnel, 2013
2. Wood et al., 2009
3. Marigold et al., 2014
4. Orth & Robins, 2013; Salmela-Aro & Nurmi, 2007
5. Sowislo & Orth, 2013
6. Boden et al., 2008
7. Wood et al., 2003
8. Taylor et al., 2003b
9. Willard & Gramzow, 2009
10. Baumeister et al., 2003
11. Bushman & Baumeister, 2002; Dawes, 1994, 1998
12. Baumeister et al., 2003
13. Baumeister et al., 2003
14. Baumeister, 1996
15. Crocker, 2002; Crocker & Luhtanen, 2003; Crocker & Park, 2004; Crocker & Knight, 2005
16. Crocker & Park, 2004
17. Canevello & Crocker, 2011
18. Crocker, 2011
19. Canevello & Crocker, 2011
20. Neff, 2011
21. Campbell et al., 2007; Jones & Brunell, 2014
22. Campbell, 2005
23. Bushman & Baumeister, 1998
24. Bushman et al., 2009
25. Ferriday et al., 2011
26. Bushman et al., 2009
27. Campbell et al., 2007
28. Stewart & Bernhardt, 2010; Twenge & Foster, 2008, 2010
29. Cai et al., 2011
30. Lee et al., 2014
31. Wilson & Sibley, 2011
32. Twenge & Campbell, 2009
33. Konrath et al., 2011
34. Konrath et al., 2014
35. Carlson et al., 2011
36. Paulhus, 1998; Paulhus et al., 2013
37. Wallace & Baumeister, 2002
38. Robins & Beer, 2001
39. Judge et al., 2006
40. Foster et al., 2011
41. Nevicka et al., 2011
42. Bandura, 1997, 2000, 2008
43. Bandura et al., 1999; Maddux & Gosselin, 2003
44. Stajkovic & Luthans, 1998
45. Richardson et al., 2012
46. Mueller & Dweck, 1988

模块 6

1. Ross, 1977
2. Jones & Harris, 1967
3. Jones & Harris, 1967
4. Fiedler et al., 1991; McGuire & McGuire, 1986; White & Younger, 1988
5. Schweinle et al., 2002
6. Fein et al., 1990
7. Napolitan & Goethals, 1979
8. Rose et al., 1977
9. Ross et al., 1977
10. Bauman & Skitka, 2010; Block & Funder, 1986
11. Jones, 1976; Jones & Nisbett, 1971
12. Malle, 2006
13. Lassiter & Irvine, 1986; Lassiter et al., 2005, 2007
14. Lassiter et al., 2002
15. Lassiter & Dudley, 1991
16. Burger & Pavelich, 1994
17. Pronin & Ross, 2006
18. Baxter & Goldberg, 1987; Kammer, 1982; Sande et al., 1988
19. Ickes, 1980 ; Watson, 1982
20. Jellison & Green, 1981
21. Rholes et al., 1990; Ross, 1981
22. Krull et al., 1999
23. Choi et al., 1999; Farwell & Weiner, 2000; Masuda & Kitayama, 2004
24. Lee et al., 1996; Zebrowitz-McArthur, 1988
25. Newman, 1993
26. Miller, 1984
27. Furnham, 1982; Pandey et al., 1982; Skitka, 1999; Wagstaff, 1983; Weiner et al., 2011

模块 7

1. Kahneman, 2011
2. Macrae & Johnston, 1998
3. Bargh et al., 2012; Banaji & Greenwald, 2013; Strack & Deutsch, 2004
4. LeDoux, 2002, 2014
5. Kruglanski & Gigerenzer, 2011
6. Rule, 2014
7. Gigerenzer, 2007, 2010
8. Loftus & Klinger, 1992
9. Greenwald, 1992
10. Gazzaniga, 1992, 1998, 2008
11. Kahneman & Tversky, 1979
12. Kruger & Dunning, 1999
13. Caputo & Dunning, 2005
14. Burson et al., 2006
15. Vallone et al., 1990
16. Dunning, 2005
17. Gilovich et al., 1993; Shepperd et al., 2005
18. Malkiel, 2007
19. Dunlosky & Rawson, 2012
20. Wason, 1960
21. Hernandez & Preston, 2013
22. Kleiman & Hassin, 2013
23. Lichtenstein & Fischhoff, 1980
24. Fischhoff, 1982
25. Kruger & Evans, 2004
26. Koehler, 1991
27. Koriat et al., 1980
28. Lamal 1979
29. Bem & McConnell, 1970
30. Wixon & Laird, 1976
31. Vaillant, 1977
32. Mitchell & Thompson, 1994; Mitchell et al., 1997

33. McFarland & Ross, 1985
34. Holmberg & Holmes, 1994
35. Safer et al., 2001
36. Eich et al., 1985
37. Ross et al., 1981
38. Hall, 1985
39. Bureau of the Census, 2012
40. Greenwald, 1980
41. Conway & Ross, 1986

模块 8

1. Vallone, Ross, & Lepper, 1985
2. Vallone et al., 1985
3. Richardson et al., 2008
4. Poniewozik, 2003
5. Saucier & Miller, 2003
6. Kinder & Sears, 1985
7. Munro et al., 1997
8. McKelvie, 1995, 1997; Tversky & Kahneman, 1973
9. Morales, 2011
10. Gates, 2011
11. Gerrig & Prentice, 1991; Green et al., 2002; Mar & Oatley, 2008
12. FBI, 2012
13. Doob & Roberts, 1988
14. Wines, 2005
15. MacLeod & Campbell, 1992; Sherman et al., 1985
16. von Hippel, 2011
17. National Safety Council, 2014
18. Myers, 2001
19. Gigerenzer, 2004
20. Parashar et al., 2006
21. Li et al., 2011
22. Risen & Critcher, 2011
23. Ward & Jenkins, 1965
24. Crocker, 1981; Ratliff & Nosek, 2010; Trolier & Hamilton, 1986
25. Viken et al., 2005
26. Langer, 1977
27. Wohl & Enzle, 2002
28. Stefan & David, 2013
29. Orgaz et al., 2013
30. Henslin, 1967
31. Gilovich & Douglas, 1986
32. Barber & Odean, 2001a, 2001b
33. Whitson & Galinsky, 2008
34. Tversky & Kahneman, 1974
35. Rosenthal, 1985, 2006
36. Rosenthal, 1991, 2002
37. Madon et al., 1997
38. Cooper, 1983; Harris & Rosenthal, 1985, 1986; Jussim, 1986
39. Feldman & Prohaska, 1979; Feldman & Theiss, 1982
40. Adams et al., 2006
41. Feldman & Prohaska, 1979
42. Jamieson et al., 1987
43. Jussim, 2012
44. Kassin et al., 2003; Rosenthal, 2003, 2006
45. Lamb & Crano, 2014
46. Olson et al., 1996
47. Kelley & Stahelski, 1970
48. Murray et al., 1996a, 1996b, 2000
49. Srivastava et al., 2006
50. Murray et al., 2003
51. Snyder, 1984
52. Snyder et al., 1997
53. Miller et al., 1975
54. Bryan et al., 2014

55. Stanovich & West, 2008
56. Slovic, 1972

模块 9

1. Emerson, 1841
2. Wicker, 1971
3. Olson & Zanna, 1981
4. Oskamp, 1991
5. Morrison, 1989
6. Fazio, 1990
7. Zimbardo, 1971; Haney & Zimbardo, 1998, 2009
8. Zimbardo, 1972
9. Griggs, 2014
10. Haslam & Reicher, 2007, 2012; Mastroianni & Reed, 2006; Zimbardo, 2007
11. Johnson, 2007
12. McFarland & Carnahan, 2009
13. Jackson et al., 2012
14. Hull et al., 2014
15. Zimbardo, 2004a, 2004b
16. Manis et al., 1974; Tesser et al.,1972; Tetlock,1983
17. Klaas, 1978
18. Higgins & McCann, 1984; Higgins & Rholes, 1978
19. Maxims, 1665
20. Berscheid et al., 1968; Davis & Jones, 1960; Glass, 1964
21. Waller, 2002
22. Osofsky et al., 2005
23. Martens, 2007, 2010, 2012
24. Freedman, 1965
25. Blanchard & Cook, 1976
26. Fincham et al., 2010
27. 引自 Rosenzweig, 1972, p. 769
28. ISR Newsletter, 1975
29. Greeley & Sheatsley, 1971; Taylor et al., 1978
30. Grunberger, 1971
31. Festinger, 1957
32. Festinger et al., 1956
33. Medin, 2011
34. Gal & Rucker, 2010
35. Fischer & Greitemeyer, 2010; Hart et al., 2009; Sweeny et al., 2010
36. Kahan et al., 2011, 2014
37. Eiser et al., 1979; Saad, 2002
38. Kull, 2003
39. Gallup, 2003
40. Duffy, 2003; Newport et al., 2003
41. Gallup, 2003
42. Luntz, 2003
43. Tavris & Aronson, 2007, p. 7
44. Bem, 1972

模块 10

1. Maddux, 1993
2. Lilienfeld et al., 2000, 2005
3. Chapman & Chapman, 1969, 1971
4. Goggin & Range, 1985
5. Rosenhan et al., 1973
6. Snyder, 1984
7. Fazio et al., 1981
8. Mendel et al., 2011; Whitman et al., 1963
9. Renaud & Estess, 1961
10. Faust & Ziskin, 1988; Meehl, 1954; Swets et al., 2000
11. Meehl, 1986
12. Kahneman, 2011, p. 223
13. Dawes, 1976

14. Dawes, 2005
15. Garb, 1994

模块 11

1. ACHA, 2009
2. Eagan et al., 2014
3. Pelham, 2009
4. Kuster et al., 2012; Sowislo & Orth, 2012
5. Burns, 1980, p.29
6. Alloy & Abramson, 1979; Alloy et al., 2004
7. Forgas, 2014; Harkness et al., 2005
8. Ackermann & DeRubeis, 1991; Alloy et al., 1990
9. Taylor, 1989, p. 214
10. Haeffel et al., 2008; Peterson & Steen, 2002; Sweeney et al., 1986
11. Abramson et al., 1989
12. Bower, 1987; Johnson & Magaro, 1987
13. Brown & Taylor, 1986; Mayer & Salovey, 1987
14. Barnett & Gotlib, 1988; Kuiper & Higgins, 1985
15. Lewinsohn & Rosenbaum, 1987
16. Hirt et al., 1992
17. Carver et al., 1994; Strack & Coyne, 1983
18. Burchill & Stiles, 1988; Joiner, 1994; Sanislow et al., 1989
19. Katz et al., 1999
20. Fowler & Christakis, 2008
21. Andrews & Thomson, 2009, 2010; Watkins, 2008
22. Mor & Winquist, 2002; Pyszczynski et al., 1991
23. Butler et al., 1994
24. Robinson & Alloy, 2003
25. Sacks & Bugental, 1987
26. Nolen-Hoeksema, 2003
27. Bromet et al., 2011; CDC, 2014
28. Alloy et al., 1999
29. Seligman, 1991, p.78
30. Lewinsohn et al., 1985
31. Nix et al., 1995
32. Seligman, 1991, 1998, 2002
33. Draguns, 1990
34. Cruwys et al., 2014
35. Henderson, 2014
36. Pipher, 2003
37. Epley et al., 2008
38. Beck & Young, 1978; Davis & Franzoi, 1986
39. Cacioppo et al., 2009
40. Jaremka et al., 2013
41. Cacioppo et al., 2014
42. Holt-Lunstad et al., 2010
43. Deters & Mehl, 2013; Steptoe et al., 2013
44. Zhong & Leonardelli, 2008
45. Zhou et al., 2008
46. Anderson et al., 1994; Christensen & Kashy, 1998; Snodgrass, 1987
47. Jones et al., 1981; Wittenberg & Reis, 1986
48. Stinson et al., 2011
49. Nurmi et al., 1996, 1997; Rook, 1984; Spitzberg & Hurt, 1987
50. Gardner et al., 2005
51. Dill & Anderson, 1999
52. Anderson & Harvey, 1988; Asendorpf, 1987; Carver & Scheier, 1986
53. Schlenker & Leary, 1982, 1985; Leary &

Kowalski, 1995
54. Fenigstein, 1984; Fenigstein & Vanable, 1992
55. Hull & Young, 1983
56. Snyder & Smith, 1986
57. Brodt & Zimbardo, 1981
58. Forsyth & Leary, 1997; Strong et al., 1992
59. Alden & Trew, 2013
60. Jones et al., 1981; Rhodewalt & Agustsdottir, 1986
61. Lun et al., 2011
62. Haemmerlie & Montgomery, 1982, 1984, 1986
63. Haemmerlie, 1987
64. Abramson, 1988; Gillham et al., 2000; Masi et al., 2011
65. Layden, 1982

参考文献

AAAS. (2014). *What we know: The reality, risks and response to climate change.* Washington, DC: The American Association for the Advancement of Science Climate Science Panel.

AAMC: American Association of Medical Colleges. (2014). Medical students, selected years, 1965–2014.

ABA: American Bar Association. (2014). A current glance at women in the law.

Abelson, R. P., Kinder, D. R., Peters, M. D., & Fiske, S. T. (1982). Affective and semantic components in political person perception. *Journal of Personality and Social Psychology, 42,* 619–630.

Abrams, D., Wetherell, M., Cochrane, S., Hogg, M. A., & Turner, J. C. (1990). Knowing what to think by knowing who you are: Self-categorization and the nature of norm formation, conformity and group polarization. *British Journal of Social Psychology, 29,* 97–119.

Abramson, L. Y., Metalsky, G. I., & Alloy, L. B. (1989). Hopelessness depression: A theory-based subtype. *Psychological Review, 96,* 358–372.

ACHA. (2009). *American College Health Association-National College Health Assessment II: Reference group executive summary. Fall 2008.* Baltimore: Author.

Ackerman, J. M., Griskevicius, V., & Li, N. P. (2011). Let's get serious: Communicating commitment in romantic relationships. *Journal of Personality and Social Psychology, 100,* 1079–1094.

Ackermann, R., & DeRubeis, R. J. (1991). Is depressive realism real? *Clinical Psychology Review, 11,* 565–584.

Adams, G., Garcia, D. M., Purdie-Vaughns, V., & Steele, C. M. (2006). The detrimental effects of a suggestion of sexism in an instruction situation. *Journal of Experimental Social Psychology, 42,* 602–615.

Adams, J. M., & Jones, W. H. (1997). The conceptualization of marital commitment: An integrative analysis. *Journal of Personality and Social Psychology, 72,* 1177–1196.

Addis, M. E., & Mahalik, J. R. (2003). Men, masculinity, and the contexts of help seeking. *American Psychologist, 58,* 5–14.

Adler, N. E., Boyce, T., Chesney, M. A., Cohen, S., Folkman, S., Kahn, R. L., & Syme, S. L. (1993). Socioeconomic inequalities in health: No easy solution. *Journal of the American Medical Association, 269,* 3140–3145.

Adler, N. E., Boyce, T., Chesney, M. A., Cohen, S., Folkman, S., Kahn, R. L., & Syme, S. L. (1994). Socioeconomic status and health: The challenge of the gradient. *American Psychologist, 49,* 15–24.

更多参考文献请扫描二维码或登录网址 http://box.ptpress.com.cn/y/53697 下载。